자연의 비너스

자연의 비너스

Vénus physique

피에르 루이 모로 드 모페르튀 지음

이충훈 옮김

도서출판 b

1. 이 책은 피에르 루이 모로 드 모페르튀Pierre-Louis Moreau de Maupertuis의 『자연의 비너스*Vénus physique*』를 완역한 것이다. 모페르튀는 이 책에서 개진한 내용을 발전시켜 바우만 박사라는 가명으로 『자연의 체계의 형이 상학적 시론*Dissertatio inauguralis metaphysica de universali Naturae systemate*』 을 제목으로 한 박사논문을 라틴어로 출판했고, 이를 다시 프랑스어로 번역하여 『자연의 체계: 유기체 형성에 대한 시론*Système de la Nature. Essai sur la formation des corps organisés*』이라는 제목을 붙여 펴냈다. 드니 디드로는 1753-54년에 『자연의 해석에 대한 단상*Pensées sur l'interprétation de la nature*』을 출판하면서 앞서 언급한 바우만 박사의 저작을 비판하는 데, 모페르튀는 디드로에 맞서 『디드로 씨의 반박에 대한 답변*Réponse aux objections de M. Diderot*』을 써서 『선집*Œuvres*』(1756)에 실었다. 우리는 이 두 편의 글을 모두 번역하여 책 뒤의 부록에 넣었다.

2. 번역의 대본은 튀르블레가 편집하여 1756년에 총 네 권으로 출판한 모페르튀 『선집』의 증보판인 Maupertuis, *Œuvres*, t. II, Lyon, Jean-Marie Bruyset, 1768을 사용했다.

3. 저자의 주(註)는 [원주]로 표시했고 번역이나 설명이 필요할 경우 [역주] 로 표시했다. 아무런 표기가 없는 경우는 모두 역자의 주이다.

| 차 례 |

1부 동물의 기원에 대하여

2부 인간 종의 다양성

자연의 비너스

리코리스가 읽을 수 있는 시여야지.

— 베르길리우스, 전원시, X[1]

..

1. 베르길리우스, 『전원시 *Les Bucoliques*』의 열 번째 시églogue에서 인용
되었는데, 이 시는 로마의 시인이자 베르길리우스의 친구였던 갈루
스에게 헌정되었다. "[나는 내 친구 갈루스에게 시를 지어보련다.
하지만] 리코리스가 읽을 수 있는 시여야지." 리코리스는 처음에
안토니우스의 애인이었다가 브루투스의 애인이 되었고 나중에는
갈루스의 애인이 되었다. 갈루스의 나이 스물두 살 때였는데 그와
리코리스의 관계는 7년 동안 계속되었다.

1부

동물의 기원에 대하여

1장

이 책의 주제

태어난 지 얼마나 되었다고 기껏 얻은 삶도 이내 잃고 말리라. 우리는 모두 두 순간이 있으니, 태어난 순간이 하나요, 죽는 순간이 다른 하나이다. 인생을 그 두 순간 너머로 연장해 보려 하나 그 노력은 헛되다. 저 두 순간 사이의 시간을 충실히 살고자 노력한다면 보다 현명한 사람이 될 수 있으리라.

하지만 더 오래 살 수는 없는 법이니, 이기심과 호기심으로 짧은 인생을 보충하고자 한다. 죽어 사라져버린 후 도래할 시간과 태어나기 전에 흘러간 시간을 갖고자 하는 것이다. 그러나 이는 헛된 바람일 뿐! 그런 희망을 품으니 새로운 환상을 갖게 된다. 이 두 시간 중 하나가 다른 것보다 내 것이 아닐까 생각하는 것이다. 지나간 과거에 대해서는 아무런 호기심도 없지만, 다가올 미래에 무슨 일이 일어나게 될지 알려주겠다는 사람들에게는 열심히 귀를 기울인다.

죽고 나면 라다만티스[2]의 법정에 출두해야 한다고 다들 쉽게 믿는대도, 현생에서 태어나기 전에 자기가 트로이 전쟁에서 메넬라스와 일전을 치렀을 수 있으리라고는 생각하지 않는다.[3]

---

2. 그리스 신화에 나오는 제우스의 아들. 제우스는 황소로 변신하여 페니키아 왕 아게노르의 딸을 유혹하여 크레테섬으로 들어가 미노스와 라다만티스를 얻었다. 미노스와 라다만티스는 크레테의 입법자가 되는데, 특히 라다만티스는 죽지 않고 '축복받은 자들의 섬'이라는 엘리시온으로 가서 그곳의 통치자가 되었다고 하는 설도 있고, 저승의 판관이 되었다는 설도 있다. 플라톤은 『소크라테스의 변론』에서 "미노스, 라다만티스, 아이아코스"를 저승의 재판관으로 언급한다(플라톤, 『에우티프론, 소크라테스의 변론, 크리톤, 파이돈』, 박종현 역, 서광사, 2003, 184쪽).

3. [원주] 피타고라스는 자기가 태어나기 전에 여러 단계를 밟아왔다고 기억했다. 처음에는 아이탈리데스AEtalide로 태어났고, 다음에는 트로이 전쟁 때 메넬라스의 공격으로 부상을 당한 에우포르보스Euphorbe였다가, 헤르모티우스Hermotime가 되었고, 어부漁夫 퓌루스Pyrrhus로 살았다가 마지막으로 피타고라스로 태어났다.
[역주] 피타고라스는 "그는 일찍이 아이탈리데스라는 이름의 인간으로 이 세상에 태어난 것인데 헤르메스의 아들로 믿어지고 있었다. 헤르메스는 그에게 불사不死 이외의 일이라면 무엇이든 소망하는 것을 택해도 좋다고 말했기 때문에 그는 살아 있는 동안이나 죽은 뒤에도 자기의 신상에 일어난 사건의 기억을 유지할 수 있게 해달라고 부탁을 했다. 이렇게 해서 그는 살아 있는 동안은 온갖 것을

그러나 미래든 과거든 모호하기는 매한가지다. 세상 이치를 냉정히 철학적으로 생각해보면 미래나 과거나 그게 그것이 아니겠는가. 사리분별을 잘 해본다면 너무 일찍 죽는다고 서운해 할 것도 없고, 너무 늦게 태어났다고 불평할 것도 없다.

종교가 가르치는 지식이 없다면 현재의 우리로서는 우리가 태어나기 전의 시간이나 우리가 죽은 후의 시간은 불가해한 두 개의 심연深淵과 같다. 세상에서 제일가는 철학자들이든, 교양이라고는 전혀 없는 민초들이든, 이 점에서만큼은 누구도

확실하게 기억해둘 수 있었고 또 죽은 뒤에도 같은 기억을 유지할 수 있었던 것이다. 그러나 그 뒤 세월이 지나 그는 에우포르보스란 사람 속에 들어가 다시 태어났는데, 메넬라스에 의해 부상을 당했다. 그런데 이 에우포르보스는 자신은 일찍이 아이탈리데스란 이름의 인간이었던 것과 헤르메스로부터 어떤 선물을 받았다는 것, 또 자기 영혼의 편력이 어떻게 이루어지고, 얼마나 많은 동물이나 식물로 다시 태어났는지 모른다는 것, 그리고 자신의 영혼은 하데스에서 얼마나 고난을 겪었는지 모른다는 것, 타인들의 영혼도 얼마나 고난을 견뎌내려고 했는지 모른다는 것을 늘 말하고 있었던 것이다. 그러나 이 에우포르보스가 죽자 그 사람의 영혼은 헤르모티우스라는 사람 속으로 옮겨갔다. [⋯] 그런데 이 헤르모티우스라는 사람이 죽자 그 사람이 이번에는 데로스 섬의 어부인 퓌루스로 다시 태어났다. [⋯] 그리고 퓌루스가 죽자 그는 피타고라스로 다시 태어난 것이고, 이 피타고라스는 이제까지 써온 것의 모든 것을 기억하고 있었다는 것이다. [⋯]"(디오게네스 라에르티오스, 『그리스철학자 열전』, 전양범 역, 동서문화사, 2008, 526-527쪽).

무지의 상태를 벗어나지 못했다는 점에서 동일하다.

그래서 나는 이 문제를 형이상학자가 아니라 해부학자의 입장에서 다뤄보려고 한다. 영혼이라는 것이 무엇이며, 그것이 언제 어떻게 나타나 여러분을 깨우쳐준 것인지[4]에 대해서는 보다 숭고한 정신의 소유자들이 여러분께 설명하도록 남겨 두련다. 내 임무는 그저 여러분의 몸이 처음에 어떠하였으며, 여러분은 어떤 다양한 경로를 거쳐 현재의 상태에 이르게 되었는지 소개하는 것에 국한된다. 내가 여러분이 애초에 한 마리 벌레나 한 개의 난卵, 혹은 진흙 같은 것이었다고 말한대도 분개하지 말기 바란다. 아울러 여러분의 현재의 모습이 언젠가는 사라지고, 세상 모든 사람을 매료시키는 그 육체도 한갓 먼지로 돌아가게 될 때 모든 것이 끝이라고 생각하지도 말기 바란다.

한 여인이 쾌락에 빠져들고 아홉 달이 지나면 작은 생명체를 세상에 내보내게 된다. 그 쾌락이야말로 인류를 끊임없이 이어주게 만드는 것이라 하겠다. 그 작은 존재를 이루는 부분들은 성인과 비교해보면 비례도 다르고 참으로 연약하지만 그 점을 제외하면 차이가 없다. 산달이 되기 전에 사망한

· ·

4.　깨우쳐주다éclairer: "정신에 지성과 명증성을 부여하는 일"(『아카데미 사전』, 4판, 1762).

여자들을 해부해봤더니 태아는 이중의 막膜에 싸여 있고, 탯줄을 통해 산모의 배와 이어져 있었다.

출산 예정일이 많이 남았을수록 태아의 크기와 형태는 성인과 많이 다르다. 출산 칠팔 개월 전의 태아[5]에는 사람의 얼굴이 보인다. 주의 깊은 산모는 그때 벌써 태아의 움직임을 느낀다.

그전에 태아는 그저 형태가 없는 물질에 불과하다. 젊은 아내는 나이든 남편에게 그것으로써 사랑의 증거를 찾게 해주고, 끔찍한 사건 때문에 남편이 잃었던 상속자를 갖게 해주는 반면, 딸아이의 부모는 그것을 그저 핏덩이와 림프액 덩어리로만 볼 뿐이다. 그것이 원인이 되어 얼마 전부터 딸아이가 우울한 상태에 빠져 있었던 것이다.

이때가 우리의 기원을 찾을 수 있는 첫 번째 시기일까? 어머니 뱃속[6]에 있는 저 아이는 어떻게 만들어졌을까? 아이는

. .

5.   태아embryon: "산모의 뱃속에서 형성을 시작하는 태아fœtus"(『아카데미 사전』, 4판, 1762). 그리스인들은 자궁에서 성장을 시작하는 태아를 그렇게 불렀다. 이것이 난에서 비롯된 것인지, 정자에서 비롯된 것인지에 대한 논쟁이 있었는데, 이에 따라 난에서 비롯되었다고 주장하는 사람들은 "난 속에 포함된 동물의 기본적인 기관"으로 보고, 부르하버처럼 정자에서 비롯되었다고 주장하는 사람들은 "자궁 속에서 성장을 시작하는 극미동물"로 보았다. 그래서 부르하버는 'fœtus'와 'embryon'을 같은 말로 보고 임신 초기의 '극미동물'을 태아fœtus로 간주했다(『백과사전』, 「태아」, 항목(V: 561)).

6.   배sein: '가슴'을 가리키는 말이지만 "간혹 배腹를 뜻하기도 한다"

어디에서 왔을까? 이런 현상은 도대체 이해할 수 없는 신비일까? 그렇지 않고 자연학자들의 관찰을 살펴본다면 무언가 알 수 있지 않을까?

나는 여러분에게 생식[7]이 이루어지는 방식에 대해 철학자들이 서로 다르게 주장한 이론들을 설명해보려고 한다. 여러분이 듣고 수치스럽다고 느낄 수도 있는 말은 하지 않겠다. 하지만 우스꽝스러운 편견 때문에 그 자체로 외설적인 데가 전혀 없는 주제가 그렇게 비쳐서는 안 된다. 생식이라는 주제야말로 인간에게 가장 중요한 일일 텐데, 유혹이, 거짓 맹세가, 질투가, 미신이 간혹 그 일에 앞서 일어나거나 뒤를 따르기도 한다는 사실 때문에 그 일이 불명예를 뒤집어써서는 안 된다.

멜랑콜리[8]에 사로잡혀 세상 모든 일에 흥미가 없던 남자가

• •

(『아카데미 사전』, 초판, 1694).

7. 생식génération: "유기체에 속한 재생의 능력으로 [⋯] 동물과 식물을 광물과 구분할 수 있는 주요한 특징 중 한 가지가 바로 이 능력이다. [⋯] 생식의 방법으로 개체들은 연속적인 존재의 사슬을 형성하게 된다 [⋯]"(도몽, 「생식」, 『백과사전』, VII: 559).

8. 멜랑콜리mélancolie: 『백과사전』에서 '멜랑콜리'는 "자기 스스로 만족하기 때문에 생기는 쾌활함과 반대되는 것"으로, "마음이나 신체 기관이 약해졌"을 때 생긴다. "멜랑콜리에 사로잡히면 명상에 빠지게 되고 그러면서 마음의 기능이 충분히 작동되어 존재의 달콤한 감정을 얻게 되기도 하고, 마음을 쇠약하게 만들 수 있는 강렬한 감각과 정념의 혼란을 피할 수도 있다." 이런 경우에는 "우정이

마침내 그를 행복하게 해줄 사람을 찾았다. 그는 그녀를 본다. 세상 모든 것이 그에게 아름다워 보인다. 한껏 들이마신 공기가 더 달콤하고 더 맑게 느껴진다. 혼자 있으면 사랑하는 사람 생각만 난다. 다들 그에게 선택 한번 잘했다고 칭찬 일색이다. 온 자연이 사랑하는 사람을 섬기는 것 같다. 하는 일에 다시 열정이 생긴다. 멋지게 성공할 것 같다. 남자의 마음을 사로잡았던 여자도 남자와 똑같은 정열을 느낀다. 그녀는 격정에 빠지고 그것에 탐닉한다. 행복한 연인은 애인의 아름다운 몸을 넋을 잃고 바라보고 빠르게 구석구석 훑어나가다, 벌써 가장 관능적인 곳에 이르렀다… 아! 잔혹한 칼로 그런 상태를 경험할 수 없게 된 불행한 이들이여. 그 칼날이 여러분의 생명의 끈을 끊어냈다면 여러분에게는 그것이 덜 끔찍한 일이었으리라. 여러분이 대저택에 산들, 감미로운 정원을 거닐고 아시아의 재화를 모두 가졌다 한들 무슨 소용인가. 여러분이 부리는 노예 가운데서도 가장 말단에 있는 자가 이런 쾌락을 맛볼 줄 안다면 그가 여러분보다 더 행복하다 하리라. 그런데 끔찍이도 탐욕스러웠던 여러분의 부모가 왕의 호사豪奢를 사기 위해 당신을 저버렸으니, 목소리로만 남은

. .

필요하고 좋아하는 대상에 마음을 써야 한다'(『백과사전』, 「멜랑콜리」, 항목(X: 308)).

슬픈 그림자여, 여러분이 처한 불행에 신음하고 눈물 흘리되, 결코 사랑만은 노래 마라.[9]

희열 가득했던 그 순간, 새로운 피조물이 생명을 얻고, 더 없이 숭고한 세상만사가 전부 그 순간에 들어 있을 수 있다. 더 좋은 일은 누구라도 그 순간에 쾌락을 맛볼 수 있으리라는 점이다.

그런데 이러한 생명의 형성과정을 어떤 방식으로 설명해볼까? 인간이 깃드는 최초의 장소를 어떤 방식으로 묘사해볼까? 어떻게 그 황홀한 공간이 어두운 감옥으로 변해, 형태도 갖추지 못하고 눈으로 볼 수도 없는 태아가 그곳에 머무르게 되는 것일까? 어떻게 그토록 큰 쾌락을 만들어준 것이, 그토록

• •

9. "아! 잔혹한 칼로… 사랑만은 노래 마라"의 부분은 카스트라토에 대한 언급으로 보인다. 아이를 유명한 가수로 만들고자 했던 탐욕스러운 부모가 '잔혹한 칼로' 아들의 성적인 능력을 뺏어 카스트라토로 만든 가수들을 모페르튀는 "목소리로만 남은 슬픈 그림자여"라고 부르고 있다. 마지막 부분에서 "사랑은 노래 마라"라고 한 것은 루소가 『음악사전』에서 언급하는 카스트라토의 단점과 관련된다. "카스트라토들의 목소리에 장점이 있다 하나 다른 수많은 단점들로 상쇄된다. 노래는 잘하지만 열정도 정념도 담아내지 못하니 극장에서 그들은 더없이 따분한 배우라 하겠다. 일찌감치 자신의 목소리를 잃었고 몸집이 커 혐오스럽게 보인다. 진짜 남자들보다 말도 잘 못하고 발음도 나쁘다." 요컨대 진실한 사랑의 감정을 노래하는 데 부적하다는 의미이다.

완전한 존재가 처음에는 그저 살과 피뿐이었을까?[10]

이런 주제를 불쾌한 이미지를 입혀 퇴색시켜 버리지 말도록 하자. 그저 베일에 덮여 보이지 않았을 뿐이다. 처녀막膜[11]이 아니면 아무것도 찢지 말아야 할 것이다. 이피게네이아를 대신하여 암사슴이여 오라.[12] 생식을 주제로 연구하기 위해 동물의 암컷을 대상으로 삼아보자. 동물의 내장을 들여다보면

● ●

10. "Miseret atque etiam pudet aestimantem quam sit frivola animalium superbissimi origo!" (C. Plin. nat. hist. L. VII, c. 7.)
[역주] 원문에 라틴어로 인용되어 있다. "그토록 완전한 동물 존재가 처음에 얼마나 허약했는지 생각해본다면 연민과 수치를 느끼게 된다. [왜냐하면 완전히 꺼지지 않은 등잔의 냄새 때문에 아이가 어머니의 뱃속을 벗어나는 일도 자주 일어나기 때문이다.]"

11. 처녀막la membrane de l'hymen: 처녀막'hymen은 "어떤 이들은 처녀의 자궁 목에 있다고 하는데 처녀성을 잃을 때 찢어지는 얇은 막"이다 (『아카데미 사전』, 4판, 1762).

12. 이피게네이아를 제물로 바칠 때 암사슴이 나타나 희생제의를 대신했다. "그때 갑자기 놀라운 일이 일어났어요/칼로 가격하는 소리는 누구나 다 분명히 들을 수 있었지만,/소녀가 대체 땅속 어디로 사라졌는지 본 사람은/아무도 없었어요. 사제가 소리치자 전군이 덩달아 소리쳤어요. 우리는 어떤 신이 보내신 뜻밖의 전조를/보았는데, 보이기는 해도 믿기지 않았기 때문이지요./말하자면 아주 크고 잘 생긴 암사슴 한 마리가 버둥대며. 그곳에 누워 있었는데, 여신의 제단은/그 암사슴의 피로 흠뻑 젖어 있었던 것이지요."(에우리피데스, 『아울리스의 이피게네이아』, v. 1582-1589, 『에우리피데스 비극전집 2』, 천병희 역, 숲, 2009, p. 443).

서 그러한 신비로운 생식 현상이 어떻게 이루어지는지 살펴보도록 하자. 필요하다면 새와 물고기, 곤충들까지 두루 연구해보도록 하자.

2장

고대인들의 생식 이론

해부학자들이 '질膣'이라고 부르는 관의 안쪽에 자궁이 있다. 질이라는 말은 도관을 뜻하는 라틴어에서 왔다. 자궁은 바닥이 닫힌 주머니 같은 것인데, 질 앞쪽에 열리고 닫힐 수 있는 구멍이 나 있다. 잉어 주둥이와 흡사하다고 해서 몇몇 해부학자들이 그런 이름을 붙였다. 막膜으로 덮여 있는 주머니 안쪽에는 주름이 많이 잡혀 있어서 태아가 성장하면서 늘어나게 된다. 또 이 주머니에는 작은 구멍이 많이 뚫려 있는데, 교미 시 암컷이 분비하는 액체가 그곳을 통해 나오는 것이 틀림없다.

고대인들은 부모 양쪽이 분비하는 액체의 혼합으로 태아가 형성된다고 생각했다. 수컷의 정액은 자궁 속까지 돌진하여 그곳에서 암컷의 정액과 섞인다. 고대인들은 이렇게 두 정액이 섞여 동물이 생기는 방식을 어렵지 않게 이해했다. '생식능력'이 모든 과정에 실행되는 것이다.

흔히들 생각하듯 아리스토텔레스는 생식을 복잡하게 생각하지 않았다는 점에서 다른 사람들과 별반 다르지 않았다. 그가 달리 생각했던 점은 생식의 원리는 수컷이 분비하는 정액에 있으며, 암컷이 분비하는 정액은 태아의 영양분으로 쓰여 성장에 기여할 뿐이라는 데 있다. 그가 사용한 용어로 설명해보자면 암컷의 정액은 질료를, 수컷의 정액은 형상을 제공한다.[13]

· ·

13. 아리스토텔레스, de généat. animal. Lib. II, Ch. IV.
[역주] "[…] [암컷이 분비하는 것의] 잔여물은 동물이 자연적으로 [양분으로 삼아] 앞으로 자라게 될 부분이다. […] 신체기관들의 어떤 것도 작동하지 않는다면 그 기관들은 잠재적인 것으로 남아 있게 된다. 이런 이유에서 이들 신체기관들의 하나하나의 부분이 형성된다. 능동자와 수동자가 하나는 능동적이고 다른 하나가 수동적인 그러한 조건(내가 조건이라는 말을 쓴 것은 양태, 장소, 접촉의 순간을 가리키기 위함이다)으로 접촉할 때, 곧 하나는 능동적이고 다른 하나는 피동적이게 된다. 그러므로 암컷은 질료를, 수컷은 운동의 원리를 제공한다"(아리스토텔레스, 『동물의 생식에 관하여 De la génération des animaux』, 피에르 루이 역, 파리, 레벨레트르, 2002, 72쪽). 아리스토텔레스의 질료와 형상에 관해서는 『영혼에 관하여』의 다음 인용문을 참고해볼 수 있다. "우리는 존재들 가운데 하나의 종種을 실체라고 부르는데, 하나는 질료라는 의미에서, 그

자체로서는 '어떤 이것'이 아닌 것을 말하며, 다른 하나는 형체 또는 형상이라는 의미에서, 사물은 그것 때문에 '어떤 이것'이라고 말해진다. 셋째로는 '그것들로 구성된 것'을 실체라고 말한다. 질료는 잠재태이며, 형상은 현실태인데, 현실태는 지식과 숙고의 두 가지 의미가 있다. 왜냐하면 그것들은 다른 것들의 근원이기 때문이다. 자연적 신체들 가운데 어떤 것들은 생명을 가지며, 어떤 것들은 가지지 않는다. 생명은 '스스로에 의한 영양섭취', 성장 그리고 쇠퇴를 의미한다. 그러므로 생명을 공유하는 모든 자연적 신체는 합성물이라는 의미에서의 실체이다'(아리스토텔레스 『영혼에 관하여』, 412a, 유원기 역, 궁리, 2001, 123-125쪽).

3장

난卵에 태아가 들어 있다는 이론[14]

그 후 오랫동안 철학자들은 이 이론으로 만족했다. 어떤 철학자들이 주장하는 대로 두 정액 중 한쪽만이 실제로 생식력을 지닌 물질이고, 다른 쪽은 태아의 영양분으로 사용될 뿐이

● ●

14. 난 주의자들은 초기에 스테논, 반 호른, 스바메르담, 레니에 드 흐라프가 있었고, 이후 이탈리아에서는 말피기, 모르가니, 니그리솔리, 보렐리, 발리비가, 덴마크에서는 토마스, 카스파 바르톨린, 한느만, 윌거, 야콥슨 등이, 제네바에서는 다니엘 그 클레르, 자크 망제가, 네덜란드에서는 뤼슈, 베르헤얀, 반 디머브룩, 드렐린쿠르트, 영국에서는 올덴버그, 레이, 리스터, 파리에는 디오니스, 토브리, 리트르 등이 나왔다. 여기에 장 바티스트 뒤아멜, 말브랑슈, 레지스, 퐁트넬 등 철학자들이 가세했다(Jacques Roger, *Les sciences de la vie dans la pensée française du XVIIIᵉ siècle*, Fayard, 1994, 268-269).

라는 점에서 의견이 갈리기는 하지만, 모두는 두 가지 정액이 있다는 데 주목하고, 이 둘이 섞여야 위대한 생식의 작업이 이루어진다는데 의견의 일치를 보았다.

해부학에서 발견된 새로운 연구 성과 덕분에 자궁 주위에 여러 개의 둥근 낭囊으로 이루어진 두 개의 희끄무레한 조직체가 있음이 밝혀졌다. 이 두 낭에는 계란의 흰자 비슷한 액체가 들어 있다. 이렇게 유추를 해보면 곧바로 이들 조직체는 새의 난소와 동일한 역할을 하며, 그 안에 들어 있는 낭이 곧 난이라고 볼 수 있었다. 그런데 난소가 자궁 밖에 있다면, 설령 난소가 자궁에서 떨어져 나온 것이라고 해도, 어떻게 그 구멍 안에 들어갈 수 있을까? 태아가 그 구멍 안에서 형성된다는 점을 인정하지 않더라도, 적어도 태아가 그곳에서 자란다는 점은 확실하지 않은가? 팔로피오[15]가 발견한 두 개의 난관卵管은 고정되지 않고 뱃속을 떠다니는데, 그것의 양쪽 끝에 달린 술 장식처럼 늘어진 것이 난소에 접근하여, 이를 끌어안고,

15. 가브리엘레 팔로피오Gabriele Falloppio, 1523~1562: 이탈리아 모데나 출신의 자연학자, 식물학자, 해부학자, 외과의사이다. 파도바 대학 의학교수로 해부학의 기원을 열었던 플랑드르 출신의 베살리우스의 후임이 레알도 콜롬보Realdo Colombo였고, 그의 제자가 팔로피오였다. 그의 문하생이었던 히에로니무스 파브리키우스Hieronymus Fabricius가 나중에 윌리엄 하비를 가르쳤다. 여성의 나팔관은 그의 이름을 따서 팔로프 관이라고 명명되었다.

난을 받아들여, 이 두 개의 관 혹은 난관의 입구를 통해 난이 자궁으로 들어가게 만든다.

이 시대에[16] 자연학이 새롭게 태어났다. 정확히 말하자면 새로 등장했다고 해야 할 것이다. 모든 것을 이해하고자 했고 이해할 수 있으리라 믿었다. 자연학자들은 두 정액의 혼합으로 태아가 형성된다는 생각에 더는 만족할 수 없었다. 우리 눈으로 자연을 두루 살필 때 만나게 되는 발육의 여러 사례들을 보면 태아는 아마 하나하나의 난 속에 들어 있고, 벌써 완전히 형성이 끝난 상태이며, 새로 만들어진 것으로 생각했던 것도 사실 각 부분이 발육한 결과로, 신체 부위가 성장해 나가면서 뚜렷이 나타나게 된 것에 불과하다고 생각하게 된다. 그렇게 생각하면 생식능력은 다시 암컷에게 돌아가게 된다. 수컷으로 성장하게 될 난 하나하나에는 단 하나의 수컷만이 들어 있지만, 암컷으로 성장하게 될 난에는 암컷뿐 아니라, 그것과 함께 난소도 갖추고 있다. 그 난소 안에 이미 완전히 형성을 끝낸 다른 암컷들이 들어 있어서 이들이 무한한 생식의

• •

16. 르네상스 시대를 말한다. 이 시기 프랑스의 해부학자 자크 두보아(일명 실비우스)가 1535년 콜레주 드 프랑스에서 강의한다. 그의 제자 중 한 명이 벨기에 출신 베살리우스Andreas Vesalius, 1514~1564였다. 그는 1537년 이탈리아의 파도바 대학교의 의학부 교수가 되어 인체를 직접 해부하면서 강의하고 이를 도판으로 남겼으므로 근대 해부학을 세웠다는 평가를 받는다.

원천이 된다. 모든 암컷은 하나 안에 다른 하나가 들어 있는 식으로 존재하므로, 첫 번째 암컷과 그것이 들어 있는 난의 크기의 관계가 계속 작아진다는 사실은 이성적으로는 이해할 수 있을지 모르지만 상상해보기 어렵다. 물질은 무한히 나누어질 수 있으니 난 속에는 아홉 달 후에 태어날 태아는 물론, 천 년 후에 태어나게 될 태아도 확실히 형성이 끝난 상태로 들어 있다. 태아의 크기가 너무 작아서 우리 눈으로는 볼 수 없지만, 도토리 안에 참나무가 들어 있어서 그것이 성장하여 가지를 뻗고 대지를 덮게 되는 자연의 법칙을 따라서 이해해볼 수 있다.[17]

그런데 모든 사람들이 어머니에서 어머니로 이어지는 난속에 벌써 형성을 끝낸 채 존재하더라도, 아직 생명은 갖지 않은 상태이다. 하나 안에 다른 하나가 들어가고, 그 안에 또 다른 하나가 들어가는 작은 조각상들과 같다고 할까. 조각가는 자신의 조각 솜씨가 뛰어나다는 평을 듣고 싶은 마음에

· ·

17. "하나의 종자는 그것이 씨가 되는 나무만 포함하는 것이 아니라, 그 자체 안에 새로운 나무들과 새로운 나무들의 씨를 모두 포함할 수 있는 다른 무수히 많은 씨가 포함되어 있다. 이들은 아마 상상할 수 없을 정도로 작지만 다른 나무들과 첫 번째 것들만큼 풍요로운 다른 씨를 보존할 것이며, 이런 식으로 무한히 계속될 것이다"(Nicolas Malebranche, *De la recherche de la vérité*, I, VI, §1, in *Œuvres complètes*, t. I, éd. par Geneviève Rodis-Lewis, J. Vrin, 1972, p. 82).

상자 백 개를 만들어 그 하나에 다른 하나를 넣는 식으로 계속한다. 이런 뛰어난 재주를 부려 만든 작품이 마지막 상자에 전부 들어간다. 이런 작은 조각상으로 사람을 만들려면 새로운 재료와 섬세한 정기精氣가 필요할 테다. 그것이 팔다리에 스며들어 그것을 움직이게 하고, 생장하게 하고, 생명을 얻게 해준다. 정액의 정기는 수컷에서 나온 것으로, 지극한 쾌락을 느끼며 발산하는 액체에 들어 있다. 시인들은 프로메테우스가 하늘에서 불을 훔쳐와 그전에는 자동인형에 불과했던 인간에게 영혼을 불어넣어 주었다고 꾸며냈지만, 그 불이라는 것이 사실은 정기였던 것이 아닐까? 그래서 신들이 저 좀도둑을 시기했던 것이 아니겠는가?

어떻게 이 액체가 질 안으로 돌진하여 난을 수정시키는지 설명해보자. 바로 머릿속에 떠오르는 가장 일반적인 생각은 그 액체가 자궁까지 들어올 때 자궁의 입구가 열려서 이를 받아들이고, 자궁에서 더 많은 정기를 포함한 부분이 난관으로 올라가 난소에 이르는데, 이때 두 개의 난관이 난소를 끌어안고 난 속으로 들어가 수정이 이루어진다는 것이다.

이 의견은 참으로 그럴듯해 보이지만 여러 가지 문제점이 있다.

액체가 질 속으로 흘러들어도 더 깊은 안쪽으로 들어가는 것 같지 않다. 흔히들 알듯이 그 액체는 금세 아래로 흘러내린다. 수컷에서 흘러나왔음에 틀림없는 종자가 질 속에 전혀 들어가지도 않았고 그저 부근으로만 흘렀을 뿐인데도 임신이 된 여자들의 이야기들이 많다. 그런데 이런 일들은 의심스러워 보인다. 자연학자의 시각에서 본다면 확인이 불가능한 일이지만, 그 문제에 대해서는 항상 진실하지 못한 여자들의 말을 믿을 수밖에 없다.

하지만 여자가 임신을 하는 데 수컷의 종자가 반드시 자궁에 들어가지 않아도 된다는 점을 보여주는 보다 확실한 증거가 있는 것 같다. 교미 직후 다수의 동물들의 암컷을 해부해본 결과 자궁에서 액체가 전혀 발견되지 않았다.

물론 액체가 간혹 자궁으로 들어가기도 한다는 점을 부정할 수는 없을 것이다. 저명한 한 해부학자가 황소와 교접한 암송아지의 자궁에서 다량의 정액을 발견했다.[18] 참으로 드문 사례라 하겠지만 자궁에서 종자를 발견한 한 가지 사례가 있으니 그것만으로도 이를 전혀 발견할 수 없었던 다수의 사례들보다 정액이 자궁으로 들어간다는 사실이 더 잘 증명이 된다.

종자가 자궁으로 들어가지 않는다고 주장하는 사람들은 그것이 질 내부로 흘러들어갔거나 그저 부근으로만 흘렀더라

• •

18.   [원주] Verheyen.
      [역주] Philippe Verheyen(1648~1710), 루뱅의 외과의사이자 해부학자.

도 결국 혈관에 스며드는 것이라고 주장한다. 혈관에 퍼져 있는 작은 입구들로 종자가 들어가 암컷의 정맥에 퍼지게 된다는 것이다. 그때 종자는 이내 다량의 핏속에 섞여, 핏속을 완전히 유린하다시피 하기 때문에 임신 초기의 여자들은 고통을 느끼는 일이 다반사이다. 그런데 결국 혈액순환이 이루어지면서 종자는 난소에 다다르고, 그때 난의 수정이 이루어지는데, 그보다 앞서 암컷의 피의 수정이 선행된다.

난의 수정이 수컷의 종자가 즉시 난에 접근하여 그 안으로 들어가는 방식으로 이루어지든, 다량의 피에 용해되어 혈액순환 경로를 거쳐 난에 이르든, 이 종자 혹은 종자의 정기는 난 속에 이미 완전히 형성을 끝내고 자리 잡고 있던 작은 태아의 각 부분을 운동하게 만들어 성장할 수 있는 상태로 만든다. 그때까지 난소에 밀착해 있었던 난이 떨어져 나와서 난관의 구멍에 빠진다.[19] 난관의 끝을 나팔[20]이라는 이름으로 부르는데, 이것이 난소를 싸안아 받아들인다. 난은 관을 타고 계속 내려가 자궁에 이르게 되는데, 이는 그저 중력 때문에

• •

19. Jacques Roger, p. 260. 반 호른에 따르면 난소의 낭은 팔로프 관을 통해 자궁으로 떨어지는 난이라고 생각했다.

20. 『백과사전』의 「나팔le pavillon」 항목을 보면 "난소와 가까운 쪽 팔로프 관의 끝을 말한다. 트럼펫의 나팔처럼 입구가 넓게 벌어져 있고, 가장자리에는 술이 달렸다"는 설명이 있다.

그렇다고 설명할 수도 있고, 더 그럴듯한 관점을 따르자면 난관卵管의 연동운동을 통해서이기도 하다. 난은 뿌리를 내려 자궁을 이루는 물질 속으로 파고들면서 자궁과 꼭 밀착한 덩어리를 형성하는데 이를 '태반'이라고 한다. 이러한 과정은 초본이나 나무의 씨앗을 생육에 적합한 땅에 심는 것과 똑같다. 태반 위쪽으로 뿌리가 내려 긴 탯줄이 하나 생기고 이것이 태아의 배꼽까지 연결되어 체액體液[21]을 전해주고 태아는 이를 섭취하여 성장하게 된다. 그래서 태아는 어머니의 피를 양분으로 삼는다. 이러한 연결이 더는 필요하지 않을 때 자궁과 태반을 이어주는 혈관은 폐색閉塞되고 마침내 분리된다.

그때 아이는 힘이 더 세져서 밖으로 나올 준비를 마치고 자기를 감싸고 있던 이중 막을 찢는다. 병아리가 태어나기 직전에 자기가 갇혀 있었던 알껍데기를 깨뜨리는 것이 이와 같다. 새의 알껍데기가 단단하기는 하지만, 그렇다고 해서 새의 알과, 자기를 감싸고 있는 피막에 둘러싸인 아이를 비교해보지 못할 것도 없다. 뱀, 도마뱀, 물고기와 같은 여러 동물의 알은 새의 알처럼 단단하지 않고, 연약하고 유연하나 피막으로만 덮여 있다.

어떤 동물들을 살펴보면 이런 연관관계가 뚜렷이 나타난다.

••
21.   여기서는 영양액suc nourricier의 의미이다.

태생 동물과 난생 동물의 생식 과정을 함께 갖고 있는 경우다. 이들 동물의 암컷은 몸속에 말할 것도 없이 난을 갖고 있지만 이와 더불어 피막에서 떨어져 나온 작은 개체들도 있다.[22] 여러 동물들의 알은 암컷의 몸에서 나와 오랜 시간 후에야 부화되지만, 또 다른 여러 동물들의 알은 그전에 부화하기도 한다. 그러므로 이 점을 통해 본다면 자연은 난이 어머니의 몸을 벗어나고서야 부화되는 종이 있다는 점보다는 이 모든 생식 과정이 결국 동일한 것이라는 점을 알려주는 것 같지 않은가?

• •

22. [원주] Mém. de l'Acad. des Scienc. an. 1727. p. 32.
   [역주] "[…] 불도마뱀 몇 마리를 해부해본 뒤 나는 내부에 알과 함께 태생 동물처럼 완전한 작은 개체들도 있다는 점을 보고 깜짝 놀랐다. 알은 두 다발로 되어 있는데 이는 새의 난소와 비슷했다. 단지 이 다발은 더 길쭉했고, 작은 개체들은 두 개의 긴 관 속에 들어 있었다. 관 조직은 대단히 얇아서 안이 다 비쳐보였다. 어떤 불도마뱀에는 마흔두 마리가 있었고, 다른 도마뱀에는 쉰네 마리가 있었다. 양쪽 모두 전부 살아 있었고, 불도마뱀 성체처럼 완전히 형성되어 있었고, 더 민첩하게 움직였다.
   이 동물을 연구해보면 생식 과정의 신비를 알 수 있을 것 같다. 자연이 아무리 다양할지라도 사물의 본질은 동일하다. 여기서 비교 해부학을 이용해 보는 것이 좋다. 자연에 있는 모든 동물을 연구하는 것은 불가능하지만 동물 하나를 완벽히 알게 되면 아마도 그 점이 보상될 것이다"(모페르튀, 「불도마뱀에 대한 관찰과 실험」, 1727년 과학아카데미 논문집, 32쪽).

4장

정자精子동물 이론

　자연학자와 자연학 이론을 받아들였던 해부학자들은 앞의 이론에 쉽게 동의하고 그것으로 만족했다. 그들은 마치 실제로 보기라도 했던 것처럼 수컷의 개입이 전혀 없어도 암컷의 난에는 이미 형성을 마친 작은 태아가 있다고 생각했다. 하지만 상상력을 통해 난 속에 있다고 생각했던 것을 다른 방식으로 직접 발견했던 사람이 있었다. 한 젊은 자연학자[23]가 이 액체를 현미경으로 관찰해볼 생각을 했다. 보통 주의 깊고 얌전한 사람은 그런 걸 관찰하지 않았더랬다. 그런데 그것은

* *

23.　[원주] 하르트소커.

　　[역주] Nicolas Hartsoeker(1656~1725): 네덜란드의 자연학자로 현미경을 이용하여 정자의 존재를 확인했다.

그야말로 장관壯觀이었다! 살아 있는 동물들을 발견한 것이다. 그 액체 한 방울은 셀 수도 없이 많은 작은 물고기들이 사방으로 헤엄을 치고 있는 대양大洋과도 같았다.

하르트소커는 여러 동물의 정액을 채취하여 현미경으로 관찰했는데 경이롭기는 여전했다. 그 안에 형태의 차이만 있었을 뿐 살아 있는 동물의 무리가 있었다. 피와 다른 종류의 체액에서도 비슷한 것이 있을까 찾아보았지만 현미경의 배율을 더 높여보아도 전혀 발견할 수 없었으니, 피나 다른 체액은 일말의 생명의 흔적이라고는 전혀 찾아볼 수 없는 망망대해일 뿐이었다.

수컷의 정액에서 발견된 이 동물들이 언젠가 그 수컷의 후손이 되리라고 쉽게 생각할 수 있었다. 하르트소커는 이들이 크기가 너무도 작았고 모양도 물고기를 닮았지만 나중에 그것의 크기와 모양이 변할 것이라고 어렵지 않게 생각할 수 있었고, 자연에게 그런 변화쯤은 아무것도 아닌 일이다. 동물의 크기와 모양이 변하는 예는 수만 가지나 있고 눈으로 직접 확인할 수 있다. 제일 크게 자랐을 때와 처음 태어났을 때를 비교해보면 아무런 관련도 없어 보이는 동물들이 있다. 어떤 동물들은 새로운 모습을 하게 될 때 예전 모양이 싹 바뀌기도 한다. 작은 벌레가 나중에 모양이 변해서 풍뎅이가 되는데 이들을 주의 깊게 지켜보지 않았다면 누가 이 둘을 똑같은 동물이라고 생각할 수 있겠는가. 굉장히 멋진 색을 띤 이 날벌레들 대부분이 이전에는 진흙 속을 기어 다니거나 물속을 헤엄쳤던 작은 벌레들이었다는 것을 누가 믿겠는가.

그러므로 이전에는 생식능력이 전적으로 암컷에게 있다고 했으나, 이제는 그 능력을 수컷이 가져갔다. 정액 속을 헤엄치는 그 작은 벌레에는 아버지에서 아버지로 이어지는 무한한 세대가 들어 있다. 그 벌레의 정액에는 자기를 낳은 아버지보다 더 작은 만큼 그보다 더 작은 동물들이 헤엄치고 있다. 이런 식으로 동물들 하나하나마다 작은 동물들이 무한히 들어 있다. 그런데 이들 동물의 수가 얼마나 많은지, 이들이 또 얼마나 작은지 생각해보면 정말 경이롭지 않은가! 어떤 사람이 대강 계산을 해보았더니 지구의 인구를 네덜란드의 인구로 가정했을 때 곤들매기 한 마리의 정액에는 첫 세대부터 따져보면 지구의 인구보다 더 많은 곤들매기가 들어 있다고 한다.

그런데 앞으로 등장할 후손들을 생각해보면 까마득한 숫자이며, 작기란 또 얼마나 작을 것인가! 한 세대에서 다른 세대로 넘어가면서 동물의 몸의 크기는, 한 사람과 배율이 가장 높은 현미경으로나 볼 수 있는 원자의 크기의 관계에 비례하여 작아지게 된다. 또한 동물의 개체 수는 한 개체와 그 개체가 가진 정액에 퍼져 있는 경이로울 정도로 많은 동물의 수의 관계에 비례하여 증가한다.

무한히 풍요로운 자연이여, 한없이 다산多産하는 자연이여, 지나치게 낭비를 하는 것은 아닌가? 우리는 자연이 지나치게 복잡하고 지나치게 낭비하는 게 아니냐고 비난할 수 있을까? 정액 속을 헤엄치는 말도 못할 만큼 많은 작은 동물들 중에 사람이 되는 건 단 하나뿐이다. 아주 드문 일이기는 하지만 수태가 잘되는 여자가 쌍둥이를 낳는 일도 있지만, 세쌍둥이는 정말 드물다. 물론 다른 동물의 암컷은 더 많은 수의 새끼를 배기도 한다고 말할 수도 있겠지만, 그래도 수컷이 분비한 정액 속에 헤엄치고 있었던 동물의 수와 비교해보면 아무것도 아니다. 그러니 얼마나 많은 동물이 죽음을 맞았단 말인가! 너무 쓸모없이 많이 만들어 놨던 것처럼 보이지 않는가!

자연의 영광은 꼭 필요한 만큼만 절약하여 마련하는 것에 있는지, 필요 이상으로 남아돌도록 마련하는 데 있는지 하는 논의는 말도록 하자. 우리가 자연의 의도를 더 잘 알 수 있는지, 더 정확히 말하자면 자연을 주재하는 존재의 의도를 더 잘 알 수 있는지 묻는 문제일 수도 있으니 말이다. 나무나 풀도 똑같은 방식으로 생겨난다는 점을 눈으로 직접 확인할 수 있다. 참나무가 맺는 수천 개의 도토리가 나무 밑에 떨어져 말라비틀어지거나 썩지 않는가. 그중 극소수만 싹을 틔워 나무로 성장하지 않던가! 그런데 그렇더라도 그 수없이 많은 도토리가 쓸모없는 것은 아니지 않은가. 싹을 틔운 씨가 없었

다면 아무것도 새로이 만들어지지 않았을 것이고, 결과적으로
세대를 거듭하는 일도 없었을 테니 말이다.

단정하고 종교심이 깊었던 자연학자 한 사람이[24] 이렇듯
필요 이상으로 존재하는 작은 동물을 대상으로 수많은 실험을
했다. 그는 이렇게 실험하면서 단 한번도 제 가족을 끌어들였
던 적이 없었다고 분명히 말했다. 그 동물들에는 꼬리가 있고,
생김새는 막 태어난 개구리와 아주 닮았다. 개구리가 태어날
때는 아직 작고 검은 물고기 모양인데 그것을 올챙이라고
하고 봄이면 물속에 우글거린다. 처음에 이 동물들이 엄청난
속도로 움직이는 것을 볼 수 있는데 이내 움직임이 느려진다.
이 동물들이 헤엄치던 물이 차가워지거나 증발하면 그들은
죽는다. 올챙이들이 있었던 장소에서도 상당히 많은 개체들이
죽는다. 미로 속에서 사라져버리는 것이다. 그런데 사람으로
성장하도록 예정된 동물은 어떤 길로 들어서는가? 어떻게
태아의 모습으로 변하게 되는가?

이 작은 동물은 자궁내막에 있는 극히 작은 어떤 장소로만
들어갈 수 있고, 이곳에서 성장하는 데 필요한 체액을 공급받
는다. 여자의 자궁에는 새끼 여럿을 밸 수 있는 동물의 자궁
같은 이런 장소가 더 적다. 한 마리일 수도 있고 여러 마리일

••
24. [원주] 레이우엔훅.

수도 있는데 이 정자동물들이 그런 장소 한곳을 만나, 그곳에 접촉하고, 고정되고, 나중에 '태반'을 형성하여 어머니와 태아를 이어 태아가 필요로 하는 양분을 공급하게 될 그물망에 결합된다. 반면 그 외의 모든 다른 정자동물들은 메마른 땅에 떨어진 씨앗들처럼 죽게 된다. 이들 극미동물에게는 자궁이 무한히 넓기 때문이다. 수천의 극미동물이 그들이 들어갈 수 있는 작은 구덩이를 찾지 못하고 죽는다.

태아를 싸고 있는 막은 변태 과정 중의 번데기 모습을 한 다른 종류의 곤충들을 싸고 있는 외피를 닮았다.

그 작은 동물이 자궁에 들어가서 어떤 변화를 겪게 되는지 이해하기 위해, 상당한 변화를 겪기에 우리가 눈으로 그 변화 과정을 뚜렷이 확인할 수 있는 동물과 비교해볼 수 있다. 그 변태 과정을 보면 우리는 분명 감탄은 하겠지만 적어도 놀라움을 느낄 정도는 아니다.

나비며, 그것과 비슷한 여러 동물들은 애초에 일종의 벌레와 같았다. 어떤 것은 나뭇잎을 먹고 살고, 어떤 것은 땅속에 숨어서 나무뿌리를 갉아먹고 산다. 이런 모습으로 어느 정도 성장을 하고 난 뒤에 새로운 모습으로 바뀐다. 제 몸의 이 부분 저 부분을 숨기고 수축시켜 어떤 동물의 상태와도 너무나 다른 상태에 두는 외피를 쓰고 있어서, 누에를 키우는 사람들은 그것을 가리켜 잠두콩이라고 하고, 자연사학자들은 '번데기'라고 하는데 그 이유는 간혹 금빛 반점이 점점이 박혀 있을 때도 있기 때문이다. 그때 그것은 전혀 움직임이 없고, 깊은 마비상태에 빠져 있어서 생명의 모든 기능이 중단되어 있다. 하지만 다시 살아날 시간이 오자마자 뒤집어쓰고 있었던 막을 찢고 몸을 뻗어 날개를 펼쳐서 나비나 그와 비슷한 다른 동물의 모습으로 나타난다.

이런 동물들 중 몇몇은 긴 날개를 달고 개울가를 날아다니는데, 숲속을 산책하는 아름다운 여인들은 이를 끔찍해 한다. 그 동물들도 예전에는 작은 물고기였다. 그들은 생의 초반을 물속에서 보냈고, 지금의 모습을 갖게 되면서 물 밖으로 나왔다.

일부 미숙한 자연학자들은 이런 형태들을 보고 정말 변태變 態가 이루어졌다고 생각했지만 그것은 그저 그 동물이 허물을 벗은 것에 불과하다. 나비는 정원에서 날아다니는 모습 그대로 유충 껍데기 밑에 이미 완전히 형성되어 있었기 때문이다.

정액 속을 헤엄치는 이 작은 동물을 유충이나 벌레와 비교할 수 있을까? 이중 막으로 덮여 어머니 뱃속에 있는 태아는 일종의 번데기가 아닐까? 태아는 곤충과 다름없이 현재의 모습을 하고 어머니 뱃속에서 나오는 것이 아닐까?

유충과 나비, 정자 벌레와 인간 사이에는 어떤 유사관계가 있는 것 같다.[25] 그러나 나비의 최초의 상태와 유충의 최초의

상태는 동일하지 않다. 유충은 벌써 난에서 나왔고, 난은 아마
도 그 자체로는 이미 일종의 번데기일 뿐일지 모른다. 그래서
이 유사관계를 기원으로 최대한 바짝 거슬러 오르고자 했다
면, 그 작은 정자동물은 이미 난에서 나와야 했을 것이니,
굉장한 난이 아닌가! 도대체 얼마나 작아야 할까? 어떻든
이 문제가 당혹스럽다면 난이 커서도 아니고 작아서도 아니
다.

 • •
25.   난 주의자들은 이러한 유사관계를 이용해서 자신들의 이론을 발전
      시켰다. 퐁트넬은 난 주의자들의 이론에 대해 다음과 같이 논평한다.
      "인간이 난으로써 생식을 한다는 이론은 오늘날 일반적으로 받아들
      여진다. 이 이론의 바탕이 되는 여러 가지 이유가 있지만 그보다도
      일반적인 유사관계가 그 이론을 용이하게 만든다. 이것은 자연이
      작동하는 방식을 알고 있는 사람들로서는 굉장히 강력한 증거가
      된다. 식물은 모두 난에서 나왔다. 자연학에서 씨앗은 실제로 난이지
      만 우리의 언어로는 다른 이름[씨앗]으로 불린다. 난생 동물은 모두
      공히 암컷이 체외로 배출한 난에서 태어난다. 태생 동물도 난생
      동물과 마찬가지인 것 같다. 태생 동물의 암컷이 난을 체내에서
      낳고 부화시킨다는 점이 다르다. 식물과 대부분의 동물이 동일한
      생식 원리를 갖는다. 동물의 일부만이 이와는 다른 원리를 갖는
      것일까? 그러나 […] 확실한 증거가 있을 때까지 우리는 언제나
      의심하고 관찰해볼 수 있다. […]"(Fontenelle, "난을 통한 인간의
      생식에 관하여", 『왕립과학아카데미의 역사』, 1701년, p. 38).

5장

난 이론과 정자동물 이론을 혼합한 이론

해부학자 대부분은 앞서 언급한 두 이론을 아울러서 정자동물과 난을 결합한 새로운 이론을 선택했다. 그들의 설명을 다음에 옮긴다.

생명의 원리는 수미일관 작은 동물에 두고, 완전한 인간이 그곳에 들어 있지만, 난은 여전히 필요하다. 난은 영양분을 제공하고 성장에 책임을 지는 물질로 된 덩어리이다. 무수히 많은 동물들이 질 안에 들어갔거나 먼저 자궁에 분출되었는데, 그 무리의 다른 것보다 더 큰 행운이 있었다고 해야 할지, 아니면 더 불행했다고 해야 할지, 하나가 헤엄을 쳐서 어느 부분이나 액체로 젖어 있는 유체 속에서 기어올라 결국 난관輸卵管 입구에 다다르게 된다. 난관은 그 동물을 난소로 이끌고, 그 동물은 그곳에서 자신을 받아들이고 영양분을 공급할 난을 발견하여 그리로 뚫고 들어가, 그 안에 머무르면서 첫 번째 단계의 성장을 시작한다. 이는 여러 종류의 곤충들이 과일 속에 들어가 과육을 영양분으로 삼는 것과 같다. 동물이 난 속을 뚫고 들어가면 곧 난소와 분리되어 난관을 거쳐 자궁으로 들어가고, 그곳에서 그 작은 동물은 태반을 형성하는 혈관을 거쳐 자궁에 착상된다.

6장

난 이론에 유리하거나 불리한 견해들

　왕립과학아카데미 논문집에 난 이론을 뒷받침하는 견해가 실렸다. 난은 수정이 이루어지기 전에도 태아를 갖고 있거나, 태아에 양분을 제공하고 최초의 거처를 마련해주는 역할을 한다는 주장이다.[26]

　리트르 씨는 난소를 해부한 뒤 이를 상세히 기록했는데 이는 꼼꼼히 살펴볼 만한 것이다. 그는 난관에서 한 개의 난을 발견했다. 난소 표면에 상처가 있었는데 그의 주장에 따르면 이 상처는 난이 배출될 때 생긴 것이었다. 하지만 난소에 여전히 붙어 있던 난 속에 태아가 뚜렷이 보였다는

● ●

26.　[원주] Année 1701, pag. 109.

그의 주장을 제외한다면 어느 것 하나 주목할 만한 것이 못 되었다.

이 견해가 정말 확실한 것이라면 난 이론에 대한 중대한 증명이 될 것이다. 그러나 같은 해 출간된 아카데미의 역사 편을 보면 이 견해는 의심스러워 보였다. 퐁트넬 씨는 메리 씨와 리트르 씨의 견해를 공정하게 비교했는데 메리 씨의 의견이 리트르 씨의 의견을 압도한 것이 사실이다.

리트르 씨가 난소 표면에서 발견한 상처에 대해 메리 씨[27]는 여자의 난소에는 이런 상처가 굉장히 많아서, 리트르 씨의 의견처럼 난이 이곳을 통과해서 배출된다면 믿을 수 없을 정도로 다산多産이 이루어질 것이라고 반박했다. 그러나 그는 난 이론에 강력한 부정이 되는 것을 자궁 깊은 곳에서 찾아냈는데, 이것이 난으로 생각한 것과 아주 똑같이 생긴 낭囊이다.

리트르 씨와 다른 해부학자들은 간혹 난관에서 태아를 찾아내기도 했다는데, 그렇지만 그들은 그것이 태아라는 증거는 전혀 발견하지 못했다. 어떤 방식으로 형성이 되었든 태아는 자궁 속에 존재하는 것이 틀림없고 난관은 그저 이곳을 이루는 일부에 불과하다.

메리 씨 말고도 여성과 다른 태생 동물이 난을 갖는다는

. .

27.　Jean Méry(1645~1722): 프랑스 외과의사.

데 의심을 품었던 해부학자들이 있고, 난이란 공상에 불과하다고 치부했던 자연학자들이 여럿 있다. 그들은 다른 이들이 난소라고 보았던 덩어리를 형성한 낭은 실제로 난과 다르다고 생각했다. 간혹 난관이나 자궁에서도 발견되었던 난은 그들의 주장에 따르면 포충胞蟲[28]의 일종에 불과했다.

자연학에 확정된 것이 아무것도 없기는 해도, 여러 실험들을 통해 이 문제에 결말을 내렸어야 했다. 암컷 토끼들을 세심하게 관찰했던 한 해부학자가 있었다. 흐라프[29]라는 사람이었는데 그는 암컷 토끼들과 수컷을 교미시킨 후 일정한 시간을 두고 암컷들을 해부해보았다. 그는 이십사 시간 후에 난소에 변화가 생겼다고 주장했다. 더 시간이 흐르자 난에는 더욱 큰 변화가 일어났다. 일정 시간이 흐르자 난은 난관에 들어가 있었고, 시간이 좀 더 지난 뒤에 해부해본 암컷 토끼들

• •

28. 포충hydatide: 『백과사전』의 해당 항목에 따르면 이 단어는 그리스어 ὕδατις, 라틴어 aquula에서 왔다. 갈레노스에 따르면 "눈꺼풀 피부 아래에 자라는 수용성이면서 지방질의 종양 같은 것이다. 이것 때문에 눈이 충혈되어 눈을 뜰 수 없게 된다. […] 포충의 원인은 림프관에 생긴 부종浮腫에서 온다. 림프관이 좁아지면서 소포小包 모양으로 특이하게 확장이 이루어지는데, 이는 림프관의 판막들에 협착이 발생하기 때문이다"(ENC, t. VIII: 359).

29. 레니에 드 흐라프Reinier de Graaf, 1641~1673: 네덜란드의 해부학자. 그의 이름이 붙은 흐라프 여포를 발견한 사람이다.

은 난이 자궁에 들어가 있었다. 결국 흐라프의 주장은 난이 난관이나 자궁에서 발견되었으니까, 난소에는 그것으로부터 난이 떨어져 나올 때 그만큼의 흔적이 항상 남아 있다는 것이다.[30]

그런데 흐라프처럼 정확하고 성실했던 베르헤얀이라는 다른 해부학자는 난 이론도 알고 있었고, 수정이 이루어지기 전에도 태아가 들어 있는 생식이 가능한 난이 있음도 알고 있었지만 같은 실험을 해보고 싶어 했다. 그러나 그의 실험은 성공적이지 못했다. 난소가 변화를 겪고 상처도 생겼다는 점은 찾아냈지만 그것을 통해 자궁 속의 태아의 수를 계산해보려고 했던 것은 잘못이었다.

· ·

30. [원주] Regnerus de Graaf, de mulierum organis.

7장

하비의 실험

앞에서 언급한 이론들은 하나같이 우수하고 사실처럼 여겨
지지만 그보다 앞서 이루어졌고 누구도 큰 비중을 두지 않았던
견해를 제시해본다면 무너져 내리는 것 같다. 혈액순환을
최초로 발견[31]하여 다른 누구보다도 해부학에 큰 기여를 한

● ●

31.　윌리엄 하비William Harvey, 1578~1657: 하비 이전의 의사들은 고대의
　　　의사이자 해부학자였던 갈레노스의 이론에 의존하여 정맥은 간에
　　　서 나오고, 정맥이 나르는 혈액은 소화된 음식에 의해 간에서 생성된
　　　다고 생각했다. 갈레노스에 따르면 간에서 나온 혈액은 심장을
　　　포함하여 인체의 곳곳으로 퍼져나가는데, 일부 혈액은 심장의 오른
　　　쪽과 왼쪽을 나누고 있는 판막의 세공細孔을 통해 동맥으로 흘러
　　　들어간다. 심장에서 비롯되는 동맥은 혈액이 아니라 '생명정기'es-
　　　prit vital'를 운반하는데, 이 정기는 폐의 영기와 정맥에서 나온 혈액,

하비가 개진했던 견해가 그것이다.

영국왕 찰스 1세는 과학 애호가였고 지식탐구의 열정이 넘쳤던 인물로, 생식의 신비를 벗기고자 해부학자 하비를 직접 고용해, 자기 소유의 공원에서 수사슴과 암사슴을 원하는 대로 이용할 수 있도록 했다. 하비는 학문을 위해 사슴을 얼마나 살육했는지 모른다. 그런데 하비의 실험으로 생식에 대해 상당한 지식을 얻었는가, 아니면 그의 실험은 생식의 문제를 더 지독한 무지의 상태로 몰아넣었는가?

하비는 자연학의 진보를 위해 하루가 멀다 하고 암사슴을 제물로 삼았다. 수사슴과 암사슴을 교미시킨 뒤 암사슴의 자궁을 해부하고 주의를 집중해서 무엇 하나 놓치지 않고 빠짐없이 관찰했으나, 흐라프가 봤다고 주장했던 것이나, 앞서 언급한 이론에 부합할 수 있는 것도 전혀 찾을 수 없었다.

• •

심장이 '생명의 열기'의 혼합이다. 그는 고대인의 책을 읽고 이해하는 것이 아니라, 수많은 동물을 직접 해부해서 눈으로 확인하는 방법을 사용했다. 심장은 펌프와 동일한 원리로 운동하므로 심장이 수축하는 순간 동맥은 팽창한다. 갈레노스와는 달리 맥박은 동맥의 적극적인 운동이 아니라 심장이 박동할 때 받는 압력에 대한 수동적인 반응에 불과하다. 하비가 1628년에 출판한 『동물이 심장과 혈액의 운동에 관한 해부학적 연구*Exercitatio Anatomica de Motu Cordis et Sanguinis in Animalibus*』는 격렬한 비판을 받게 되지만 17세기 중반이 되면 대부분의 의학자들은 그의 이론을 받아들인다.

하비는 암사슴의 자궁에 수사슴의 정액이 없었고, 난관에도 난이 존재하지 않았고, 다른 해부학자들이 여성의 '고환睾丸'이라고 불렀던 이른바 난소에서도 전혀 변화가 없음을 확인했다.

하비는 생식기관에서 최초로 변화가 일어났음을 감지했는데 그곳은 자궁이었다. 그는 자궁이 부풀어 오르고 평소보다 무른 상태가 되었음을 알았다. 네발짐승의 자궁은 두 개로 보인다. 물론 비어 있는 부분은 하나일지라도 그 안쪽에는 움푹 들어간 작은 방 같은 것이 두 개 있어서 해부학자들은 이를 '뿔comes'[32]이라고 부르는데 태아가 자리 잡는 곳이 여기이다. 가장 심한 변화를 보인 곳이 특히 이 부위였다. 하비는 해면질의 혹을 여러 개 관찰했는데 그는 이를 여자의 젖꼭지에 비유했다. 그중 몇 개를 잘라보았더니 작은 흰 점이 점점이 박혀 있고 끈적끈적한 물질로 덮여 있었다. 자궁 안쪽에는 내벽이 형성되어 있는데 아이들이 벌에 입술이 쏘였을 때처럼 붓고 부풀어 오른 모습이었고, 대단히 부드러워서 뇌의 점도와 비슷했다. 9월과 10월이 되자, 암사슴과 수사슴은 두 달 동안 매일 교미했고, 이렇게 여러 해에 걸친 경험을 토대로 하비는 자궁에서 정액을 전혀 찾을 수 없다는 점을 발견했다.

..
32. "자궁 안쪽의 두 말단을 말한다"(리슐레 사전, 1759년판).

이십일 전부터 수사슴과 격리시켰던 암사슴의 자궁에 고름 같은 물질이 있었지만 그는 이것이 정액이 아님이 확실하다고 주장했다.

하비의 관찰을 접한 사람들은 그가 해부한 암사슴은 교미가 안 된 것이라고 주장했고, 사실 하비 자신도 이 점이 걱정스럽기는 했던 것 같다. 이들을 설득하고 확신을 얻을 목적으로 발정기가 된 열두 마리의 암사슴을 부속 정원에 가두고 그중 몇 마리를 해부해보았지만 처음과 마찬가지로 수컷의 정액의 흔적은 찾을 수 없었다. 나머지 암사슴은 새끼를 배었다. 하비는 이런 실험 결과에 더해 토끼, 개 등 다른 동물의 암컷에게 했던 실험 결과를 종합해서 수컷의 정액은 자궁에 머무르는 일도 없고 자궁 속으로 들어가는 일도 없다고 결론 내렸다.

11월이 되자 자궁에서 종양처럼 부풀어 오른 부분은 크기가 줄었고, 해면질의 도드라진 살은 물렁물렁해졌다. 그런데 새로운 모습이 나타났다. 자궁의 두 뿔 사이에 가느다란 그물이 펼쳐져 흡사 거미줄 같은 망이 생겼고, 이 그물이 자궁내막의 주름 속으로 들어가서 도드라진 살 주위에 얽혀들었다. 이는 연뇌막軟腦膜이 뇌 주위를 따라 감싸 안는 모습과 다름이 없었다.

이 망은 곧 주머니를 만들었다. 주머니 외부에는 악취가 심하게 나는 물질이 덮고 있었다. 매끈하고 반들반들한 안쪽에는 계란 흰자 같은 액체가 차 있었고, 그 안에 공 모양을 한 다른 막이 있었다. 그 막 안에는 더욱 맑고 투명한 액체가 차 있었는데, 바로 여기가 새로운 경이가 발견된 곳이다. 앞서 발표된 이론들은 여기에 완전히 형성이 끝난 동물이 있기를 기대했겠지만, 그렇지 않고, 그것은 동물의 근원으로서의 '살아 있는 점point vivant, *punctum saliens*'이었다. 그것보다 먼저 형성된 부분은 전혀 없었다. 맑은 액체 속에서 그 살아 있는 점이 뛰고 펄떡거렸다. 살아 있는 점이 잠겨 있는 액체에는 정맥이 보이지 않았고, 그 점으로부터 정맥이 성장해나갔다. 햇빛에 내놓아도 그 점은 여전히 뛰었다. 하비는 이를 국왕에게 보고했다.

동물을 구성하는 부분들이 이내 이 점에 모여들지만, 똑같은 순서로 모이는 것도 아니고 동시에 모이는 것도 아니다. 처음에는 점액뿐이었다가 이것이 두 개의 작은 덩어리로 분리되어 하나는 머리가 되고 다른 하나는 몸통이 된다. 11월 말이 되니 태아가 모양을 갖췄다. 이 경이로운 피조물이 일단 성장하기 시작하자 대단히 빨리 형성을 마친다. 살아 있는 점이 처음 나타나고 일주일이 지나자 태아는 신속히 성장해서 성기까지 확인이 가능했다. 하지만 태아는 다시 한 번 일부가 변화하는 가운데 만들어진다. 내부 기관이 형성되고 그 다음에 외부 기관이 만들어졌다. 내장과 창자가 형성된 후 이 부분을 덮을 용도로 마련된 흉부와 배 부분이 이를 싸안았는데, 마치 건물에 지붕을 씌우는 것처럼 그 위에 덧댄 듯했다.

이때까지 태아는 어머니의 몸에 전혀 유착癒着되지 않은 채 맑은 액체 속에 떠 있고, 그 액체는 막으로 둘러싸여 있는데, 해부학자들은 이를 양막羊膜, Amnios이라고 부른다. 양막은 다시 난포막卵胞膜, Chorion에 들어 있는 액체 속에 떠 있다. 우리가 앞서 처음으로 만들어진 것으로 보았던 주머니가 바로 이 난포막이다. 어느 것이든 모두 전혀 유착되는 일 없이 자궁에 들어 있다.

12월 초에 앞서 말한 자궁 내벽 표면에 있었음을 확인했던 해면질의 도드라진 살이 어디에 쓰이는지가 밝혀졌다. 우리는 앞서 이를 여자의 젖꼭지에 비유해본 바 있다. 이 부분은 점액으로 차 있어서 그것으로만 태아의 외피와 연결되는데 이내 태아에서 돋아나온 혈관을 받아들이면서 단단히 연결되어 태반을 이루는 주성분이 된다.

태아의 나머지 부분은 나날이 다양한 단계를 거치면서 성장한다. 태아가 결국 세상에 태어날 순간이 오면, 그것은 자기를 감쌌던 막을 찢고, 태반이 자궁에서 떨어져 나오면서, 세상에 나오게 된다. 동물의 암컷은 태아와 태반을 이어주었던 혈관 끈인 탯줄을 자기 입으로 끊어내면서 더는 불필요해진 관계를 끝낸다. 그리고는 산파가 탯줄을 동여맨 뒤 잘라낸다.

이상이 하비의 관찰이다. 그의 말을 들어보면 생명이 난에 있다는 이론과 생명이 극미동물에 있다는 이론은 양립할 수 없어 보인다. 그래서 내가 하비의 관찰부터 설명하고 다른 두 이론을 나중에 설명했다면 독자는 그 두 이론에 반감부터 생겼을 것이고 따라서 그 이론의 설명을 주의 깊게 듣지 않았으리라 생각한다.

동물을 암컷의 난에 이미 형성되어 있던 것으로 보거나, 수컷의 정액에서 헤엄치는 극미동물로 보았다면, 동물은 새로운 물질을 내부로 들이면서Intus-susception 성장한다고 볼 수 있겠지만, 하비는 그렇게 보는 대신 동물의 새롭게 만들어진 부분들이 병렬juxta-position되면서 형성된다고 생각했다. 하비는 애초에 태아가 들어서게 될 주머니가 만들어지는 것을 보았고, 이 주머니는 팽창해 나가는 난을 둘러싼 막이 아니라, 날이 갈수록 자라는 것이 보이는 거미줄처럼 나타난다. 처음에는 자궁의 한쪽 끝에서 다른 쪽 끝으로 당겨지는 그물일 뿐이지만, 이것의 수가 점점 늘어나고, 바짝 당겨지게 되어 결국 진짜 막膜이 만들어진다. 이 주머니의 형성이야말로 경이로운 것이라, 이를 보면 다른 경이로운 일들은 별것이 아니라고 여기게 된다.

하비는 안쪽에 생기는 주머니에 대해서는 언급하지 않았다. 그는 이를 보지 못했던 것이 분명하다. 하지만 그는 그 안에

떠서 형성되는 동물을 보았다. 처음에 이는 그저 하나의 점일
뿐이었다. 그러나 생명을 가진 점이며, 그 점 주위에 다른
부분들이 배치되면서 곧 하나의 동물이 만들어지게 된다.[33]

· ·

33. [원주] Guillelm. Harvey, De Cervarum & Damarum coitu. Exercit.
     LXVI.
     [역주] Harvey, *Exercitationes de Generatione Animalium*, 1651, 64장.

8장

하비의 발생론

이 실험들을 보면 어느 것 하나 난 이론 및 극미동물 이론과 대립하지 않는 것이 없으므로 하비는 두 종자가 혼합되어 발생이 이루어진다는 이론이 무너졌다고 보았다. 두 액체를 도무지 자궁에서 찾을 수 없었으니 말이다. 저 위대한 인물 하비는 발생의 문제를 명확하고 분명하게 설명할 수는 없었기 때문에 여러 가지 비유를 사용해서 이 문제를 해결하는 것으로 만족했다. 철은 자석에 닿으면 자성磁性을 띠는데, 암컷이 수컷을 만나 수태가 이런 방식으로 이루어진다는 주장이다. 그는 수태 과정이 어떻게 이루어지는가를 주제로 논문을 하나 썼는데 이는 자연학보다는 스콜라철학에 더 가까운 것이었다. 그는 수태가 된 자궁과 뇌를 비교하는 것으로 마무리했는데,

자궁이 두뇌의 물질을 모방한다고 보기 때문이다. '자궁은 아이를 배고, 뇌는 머리에서 형성된 관념을 밴다.' 자연의 신비를 속속들이 알고자 하는 사람이라면 이러한 괴이한 설명을 들을 때 얼마나 수치스러울까!

심오하기 이를 데 없는 연구라 할지라도 비슷한 결과를 낳는 일이 다반사이다. 설명하려고 하는 현상의 주변사정을 모르는 동안에는 만족스러운 이론을 내놓지만, 주변사정이 발견되면 제시된 근거가 불충분했음을 알게 되고, 그렇게 되면 이론은 순식간에 무너져버린다. 우리가 무엇인가를 안다고 믿는다면, 그것은 단지 우리가 너무나 무지해서 그런 것일 뿐이다.

우리의 정신은 감각이 발견한 것을 추론하는 데 그칠 운명인 것 같다. 우리는 현미경과 렌즈를 이용하면서 말하자면 우리가 가진 능력을 넘어서는 새로운 감각을 갖게 되었다. 우리보다 더 높은 지성을 가진 사람들이 갖는 감각과 같은 것으로, 그것에 비추어본다면 우리의 지성은 항상 실수를 저지르곤 한다.

9장

하비의 관찰을 난 이론과 결합해보려는 시도

그런데 하비가 관찰한 내용을 좀 수정해볼 수 없을까? 그의 관찰을 난 이론이나 극미동물 이론과 연관하여 해석할 수는 없을까? 하비가 위대한 인물임에는 틀림없지만 어떤 사실을 놓쳤을 수도 있다고 생각해볼 수 있을까? 예를 들어 첫 번째 외피가 형성되는 시기에 난이 난소에서 떨어져 나와 자궁으로 들어갈 수도 있지 않을까? 또 두 번째 외피는 작은 태아가 들어 있는 난을 둘러싼 막에 불과할 수도 있지 않을까? 그렇다면 생식에 관여하는 난이 있다고 생각하는 사람들이 주장하듯이, 태아가 수태가 되기 전에도 난 속에 이미 존재하거나, 작은 태아는 극미동물의 형태로 그 안에 들어간 것이거나 둘 중 하나이다. 마지막으로 하비가 태아의 형성과정에 대해 언급한 모든 것을 잘못 생각했을 수도 있을 것이다. 팔이며 다리 등이 이미 완전한 형태를 갖추고 있었는데, 너무 연약하고 투명했던 나머지 하비가 이를 보지 못했을 수도 있고, 팔이며 다리 등은 성장해나가면서 우리의 눈에 더욱 뚜렷이 보이는 것인데 하비가 이를 나중에 추가된 부분으로 봤다든지 했던 것은 아닐까? 하비가 설명했듯이 그는 주머니같이 생긴 첫 번째 막이 형성되는 것을 보았는데 이는 아직도 대단히 난감한 문제로 남아 있다. 하비는 그 주머니가 처음에 조직되는 과정을 못 본 것은 아닐까? 아니면 그것은 우유 표면에 막이 생기듯이 자궁 돌출부에서 분비된 점액질의 물질로 만들어지는 것은 아닐까?

10장

하비의 관찰을 극미동물 이론과 결합해보려는 시도

    하비의 관찰을 극미동물 이론과 연관시켜 보려고 한다면, 하비의 주장대로 극미동물을 포함한 액체가 자궁에 들어가는 일은 없더라도 극미동물 중 하나가 그 안으로 들어가기란 아주 쉬운 일일 것이다. 자궁 입구가 질을 향해 나 있으니 말이다. 이제 보통의 해부학자라면 지나치게 과감해 보일 수도 있을 가설 하나를 제안해보도록 하자. 그것이 과감해 보이기는 해도 곤충의 행태를 관찰하는 데 익숙한 사람들은 놀라지 않을 것이다. 곤충의 행태야말로 아주 잘 들어맞기 때문이다. 극미동물이 자궁으로 들어가면 첫 번째 외피를 형성하는 막을 만들게 되지 않을까? 하비가 처음에 관찰했던 자궁 양쪽 끝 사이에 걸쳐진 실이 극미동물 스스로 자기 내부에서 뽑아낸 것이거나, 자궁에 있었던 점액질의 물질을 그 동물이 이런 모양으로 배치한 것이거나 둘 중 하나이다. 이러한 생각을 뒷받침할 수 있는 것처럼 보이는 사례들이야 많이 있다. 여러 곤충은 변태시기에 실을 잣거나 어떤 다른 물질을 가지고 외피를 만들어 그 안에 들어간다. 명주벌레가 고치를 만드는 방식이 이와 같다. 명주벌레는 이내 자기 허물과 이후에 생긴 허물, 그리고 약충fève, 若蟲,[34] 혹은 번데기 허물을 차례로 벗게 된다. 번데기 허물 아래에는 날개와 다리가 꼭 감싸여 있다가, 그 허물을 벗고서야 비로소 나비의 모습으로 나타나게 된다.

사람의 정자동물은 명주벌레의 고치에 해당하는 첫 번째 외피를 만들어 그 안에 들어간 뒤, 허물을 벗고 번데기 모양, 다시 말하면 허물들 중의 하나인 두 번째 외피의 모양을 띠게 될 것이다. 두 번째 외피에 들어 있는 맑은 액에 살아 있는 점이 나타나는데 이 액이 동물의 몸 자체일 수도 있겠으나, 그 동물은 수정처럼 투명하고, 물처럼 흐르는 성질을 가질 정도로 물러서, 하비가 그 안에서 동물 조직을 못 봤을지 모른다. 바닷물은 투명하고 점액성의 물질을 바닷가로 가져오

· ·

34.   "… 명주벌레의 약충nymphe을 이르는 말이다"(아카데미 사전 5판, 1798년).

곤 하는데, 그렇게 떠내려온 물질은 우리가 말하고 있는 물질보다 훨씬 더 조직을 갖춘 것처럼 보이지 않지만 정말 동물이기는 하다. 태아를 싸고 있는 첫 번째 외피인 난포막도 그렇게 만들어졌을지 모르고, 두 번째 외피인 양막은 태아의 허물일지 모른다.

그러나 우리는 하비가 했던 올바른 관찰을 이렇게 공격해도 좋을까? 이런 식으로 유사관계와 이론을 옹호하기 위해 그가 했던 관찰을 포기해도 좋을까? 그래서 대단히 관찰하기 어려운 문제를 하비가 더없이 훌륭하게 관찰해냈기는 했지만 몇 가지 주변 상황은 놓치고 말았다고 생각할 수는 없을까?

11장

동물의 다양성

유사관계[35]를 찾게 되면 수고스럽게 새로운 것을 생각해내지 않아도 되고, 불확실한 상태에 머물러야 하는 더 큰 수고도 덜 수 있다. 인간의 정신은 즐겨 유사관계를 찾곤 한다. 그런데

. .

35. "유사관계에 있다는 것은 특성이 서로 다른 여러 사물이 서로 맺고 있는 관계나 비례를 말한다. […] 어떤 닮음의 관계를 상호 간에 갖는 존재들 사이에는 유사관계analogie가 있다. 예를 들어 동물과 식물 사이의 유사관계 같은 것이 그렇다. 광물과 식물 사이에도 유사관계가 있다. […] 유사관계를 통한 추론은 몇몇 사실을 설명하고 해명하는 데 사용될 수는 있지만 이를 증명할 수는 없다. 그렇기는 하지만 우리의 대부분의 철학은 유사관계를 토대로 하고 있다. 유사관계를 찾는다면 불필요한 수많은 논의를 절약할 수 있기 때문이다[…]"(『백과사전』, 「유사관계」, 항목(I: 399)).

자연도 그러한가?

　다양한 동물 종이 영구히 자손을 퍼뜨리는 데 사용하는 방식들 사이에는 분명 모종의 유사관계가 있다. 자연은 무한에 가깝게 다양하지만 상황이 급히 변하는 일은 없기 때문이다. 다만 우리가 무지한 상태에 있으므로 소원(疏遠)한 종을 가까운 종으로 잘못 생각하게 되는 위험은 항상 존재한다. 하나의 종과 다른 종 사이에서 이러한 유사관계는 눈에 띄지 않을 만큼 작은 차이로 바뀌어 사라져버리거나, 적어도 비교 대상이 되는 종들 사이에서 무시되는 일이 다반사이다.

　말이 나왔으니 말이지 상이한 동물 종이 자손을 퍼뜨리는 방식이 얼마나 다양한지 볼 수 있지 않은가!

　혈기왕성한 황소는 제 힘을 믿고 다정한 애무 따위는 즐기지 않는다. 암송아지에 바로 달려들어 안에 깊숙이 삽입하고 정액을 철철 넘치게 쏟아 부어 그 암송아지가 수태하게 한다.

　멧비둘기는 다정하게 구구 울며 사랑을 알린다. 수천 번 입 맞추고 수천 번 즐거움을 나눈 뒤에야 마지막 즐거움이 뒤따른다.

　긴 날개를 가진 어떤 곤충[36]은 공중에서 암컷을 뒤쫓아 간다. 수컷이 암컷을 잡으면, 둘은 서로 껴안고 둘이 서로

36.　[원주] 잠자리류: 라틴어로는 Perla라고 한다.

붙는다. 둘은 어떤 상태가 되든지 개의치 않고 함께 하늘을 날고 바람이 부는 대로 이리저리 떠다닌다.[37]

오랫동안 잘못 알려져 갈Galles[38]이라고 생각했던 동물은 연인과 그런 식으로 산책할 생각이 전혀 없다. 갈의 암컷은 여느 동물의 암컷과는 닮은 데가 전혀 없는 모습을 하고, 생의 대부분을 나무껍질에 붙어서 꼼짝하지 않고 보낸다. 비늘 같은 것으로 덮여 있어서 어느 방향에서든 몸을 숨길 수 있다. 눈에 거의 띄지 않을 정도로 가느다란 홈이 하나 있는데, 이것이 이 곤충에게는 생명을 위해 열린 유일한 문이 된다. 이 기이한 피조물의 수컷은 암컷과 닮은 데가 하나도 없다. 암컷은 수컷이 자신을 배신할 일은 없으리라 생각할 것이다. 그래서 암컷은 끈기를 가지고 수컷의 애무를 기다린다. 날개를 가진 수컷이 앞서 말한 홈으로 침을 밀어 넣고 나면 엄청난 생식능력을 가진 암컷의 비늘이며 외피는 하나의

• •

37. "이 곤충은 봄부터 가을 무렵까지 짝짓기를 한다. 들에서 짝을 지어 날아다니다가 개울이나 강가 풀 위에 앉는 것을 볼 수 있다. 짝짓기는 대단히 기이하게 이루어진다. 수컷은 낮이 되어 더워지는 것을 느끼기 시작하면 공중에서 암컷을 뒤쫓아 간다. 몸의 마지막 체절에서 갈고리처럼 생긴 것이 두 개가 나와 암컷의 목을 안는다. 그렇게 서로 붙어서 함께 날아다닌다. […]"(『백과사전』, 「잠자리」 항목(IV: 820)).

38. [원주] Hist. des Insect. de M. de Reaumur, t. IV, p. 34.

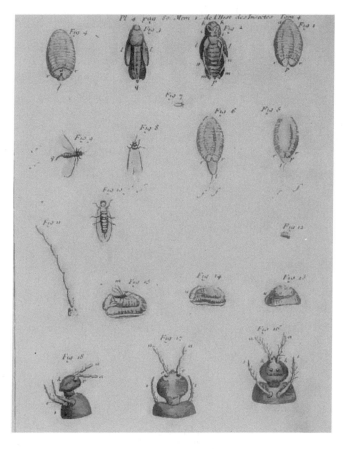

[도판] 갈 곤충(레오뮈르, 「곤충의 자연사를 작성하기 위한 논문집」 4권, 1738)

주머니로 변해 무수히 많은 작은 벌레들이 그 안에 채워진다.
이 갈이라는 곤충 말고도 수컷은 하늘을 날아다니는데 암컷은 날개가 없고 수컷과 아주 다른 모습을 갖고 땅을 기어 다니는 곤충들이 있다. 가을밤에 수풀에서 다이아몬드처럼 반짝반짝 빛을 내는 반딧불은 날개 달린 곤충의 암컷이다. 암컷이 작은 횃불을 들고 수컷을 유인하지 않았다면 수컷은 필시 캄캄한 밤에 길을 잃고 말 것이다.[39]

생긴 모양을 보면 형편없고 끔찍해 보이기까지 하는 동물 이야기도 꺼내볼까 한다. 그렇다. 자연은 어느 누구에게도 못된 계모 짓을 않는다. 두꺼비는 꼬박 여러 달 동안 암컷을 끌어안은 채 살아간다.

사랑을 급히 서두르는 여러 동물이 있는 반면, 겁이 많은 물고기는 사랑을 할 때 극도로 신중하다. 암컷을 감히 유혹해 볼 수도 없고 별것도 아닌 애무조차 해볼 수가 없어서 물속에서 암컷을 불안하게 쫓아만 다니다가 암컷이 물속에 쏟아놓은 알에 수정을 시키기만 하면 대만족이다.

이런 동물은 무심하게 생식을 하는 것일까? 아니면 세련된 감정을 갖고 있어서 그것이 그들에게 없는 것처럼 보이는 것을 보충하는 것일까? 확실히 그렇다. 눈길로 한번 보기만 하는 것도 쾌락이 될 수 있다. 사랑을 하는 자는 무엇으로도 행복해진다. 자연의 한결같은 관심은 자손을 퍼뜨리는 것이

<hr />

39.　[원주] Hist. de l'Acad. des Scienc. an. 1723. pag. 9.

다. 어느 종이 되었든 똑같은 동기를 불러일으킬 텐데, 모든 종에게 그 동기는 쾌락이다. 인간 종도 쾌락 앞에서는 모든 것을 뛰어넘는다. 두 사람의 마음이 결합하지 못하도록 만드는 숱한 장애물이 있을지라도, 둘이 결합한 후에 숱한 고통을 겪게 될지라도, 쾌락이 있기에 연인은 자연이 부여한 목적에 이르게 된다.[40]

물고기들이 사랑을 할 때 대단히 세심한 주의를 기울이는 것처럼 보인다면, 대단히 광적인 방탕의 극치로 나아가는 동물도 있다. 여왕벌은 하렘에 여러 애인을 두고 그들 모두를 만족시킨다. 여왕벌은 자기 성채 안에서 어떤 방식으로 살아가는지 노출하려들지 않지만 결국 헛일이었다. 곤충학자 스바메르담조차 잘못 생각했다. 그런데 저명한 학자[41] 한 분이 여왕벌의 매춘행위를 두 눈으로 똑똑히 확인했다. 여왕벌은 방탕한 만큼 엄청난 생식능력을 가졌으니 줄잡아 3만에서 4만에 이르는 벌의 어미가 된다.

하지만 벌 무리의 수가 엄청나다는 것보다 더 놀랄 만한

• •

40. [원주] Ita capta lepore,/Illecebrisque tuis comnis natura animantum,/Te sequitur cupide, quo quamque inducere pergis. (Lucret. Lib. I.)
[역주] "무엇이든 그렇게 매력에 사로잡혀 어디든 당신이 이끌어 몰아가는 대로 욕망으로써 당신을 따릅니다"(루크레티우스 『사물의 본성에 관하여』, 강대진 역, 아카넷, 2012, p. 26).

41. [원주] Hist. des Insect. de M. de Réaumur, t. V, p. 504.

일이 있으니, 다른 동물처럼 성性이 둘이 아니라는 점이다. 꿀벌 무리의 구성원으로는 우선 여성이 있는데 수가 극히 적고 이들이 각자 여왕벌이 되어 새로운 꿀벌 무리를 이끌게 된다. 그 다음에는 약 2천에 이르는 수컷이 있고, 마지막으로 중성을 띠는 엄청난 수의 벌이 있다. 성을 전혀 갖지 않는 중성 벌은 꿀을 만들고, 새끼 벌이 부화되면 그들을 먹이면서 자신의 노동으로 꿀벌통에 호사와 풍요를 책임지는 일을 하도록 된 불쌍한 노예들이다.

그러나 이들 노예가 자기들의 시중을 받았던 다른 벌들에 맞서 반란을 일으키는 때가 온다. 수벌들이 여왕벌의 욕망을 채워주고 나면 여왕벌은 그들에게 사형을 언도하여 격노한 중성 벌이 처분하도록 넘겨버린다. 숫자로는 상대가 되지 않으니까 중성 벌은 수벌들을 끔찍하게 살육해버린다. 이 전쟁은 꿀벌 무리 중에 수벌이 한 마리도 남지 않을 때까지 계속된다.

이 동물은 지금까지 우리가 다룬 동물들과는 전혀 다른 종족이다. 보통의 경우에는 두 개체가 가족을 이뤄 자손을 퍼뜨리는 일을 맡았고 둘이면 충분했다. 꿀벌 가족에서는 암컷이 하나뿐이고, 수천의 개체들이 수컷의 성을 가지고 있으며 훨씬 더 많은 개체들은 아예 성이 없다.

반대로 한 개체가 두 개의 성을 함께 가진 동물 종도 있다.

달팽이는 동시에 남성의 부위도 있고 여성의 부위도 갖는다. 이들은 서로 꼬리에 꼬리를 물고 달라붙어 긴 띠를 통해 서로 얽혀드는데, 이 띠가 그들의 생식기관이다. 이렇게 이중의 교미가 끝나면 각자 알을 낳는다.

달팽이가 얼마나 특이한지 꼭 언급하고 넘어가야겠다. 달팽이들이 교미하게 되면 자연은 둘 모두를 단단하고 껍질로 덮인[42] 물질로 만들어진 작은 단도 비슷한 것으로 무장시킨다. 일정한 시간이 지나 쓸모를 다하면 이 단도는 저절로 떨어져버린다. 이것은 무엇에 쓰는 것인가? 이리도 금세 없어지는 이 기관은 어떤 역할을 하는가? 달팽이는 그런 일을 하는 데 워낙 차분하고 또 서두르지 않으니 단단한 침針으로 자극을 받아야 하는 것은 아닐까? 사람들도 나이를 먹으면 열정이 식고 감각이 둔화되기 마련이라, 가끔은 아주 강렬한 수단을 써야 잠자던 사랑을 일깨우게 된다. 관능을 통해야 생기게 마련인 감정을 고통으로 자극해보려는 이는 불행하도다! 마비와 죽음의 상태에 그대로 머물라. 효과도 없을 고통을 삼가라. 티불루스[43]가 말했듯이 비너스를 낳은 피는 당신의 것이 아니다.[44] 자연이 여러분의 행복을 위해 마련해주었던 수단을

‥

42. [원주] Heister de Cochleis.
43. 알비우스 티불루스Albius Tibullus, 기원전 54~기원전 19: 로마의 시인으로 엘레지 양식에 뛰어났다.

제때 이용할 줄 알았어야 했다. 당신이 그 수단을 이용해보았더라도 자연이 정한 기한을 지나서까지 사용해보려고 애쓰지는 말라. 공연히 당신 몸을 이루는 신경섬유를 자극해보려 하지 말고, 잃은 것을 어쩌겠느냐고 마음을 달래보라.

그렇더라도 여자에게 알랑거리는 마음과 불합리하기 짝이 없는 집착이 말도 안 되게 하나가 되어, 애인에게 반드시 쾌락을 맛보여주겠다고, 애인을 위해 고통쯤은 감수할 수 있다는 증표를 보여주고자 애인 보는 앞에서 무수히 제 몸을 내리쳐 살갗을 갈기갈기 찢고 마는 젊은이보다야 여러분의 경우가 더 용서받을 만하지 않겠는가.

사람들이 사랑의 정념에 끌려 그러한 방식을 한계 이상으로 혹은 그보다 더 연장해보려고 생각해냈던 것이 어떤 것인지 죄다 말해보려고 했다면 한도 끝도 없으리라. 순결한 달팽이 같은 당신, 그대는 어쩌면 그러한 방식을 죄악으로 여기지 않는 유일한 자일지 모른다.[45] 당신에게 그 수단은 자연이 세운 질서의 결과에 불과하기 때문이다. 자연은 당신에게

• •

44. [원주] Is sanguine natam Is Venerem & rapido sentiat esse mari. (Tibull. Lib. I. Eleg. II.)
     [역주] "비너스는 성난 파도가 만들어내는 물결과 섞인 피에서 태어났다."

45. 여기서는 동성애자를 말하는 것이다.

쓰라고 무기를 주었으니 수천 번 수만 번 단도 세례를 받고 또 다른 이에게도 당신이 받은 그 세례를 돌려주라. 자연이 우리를 위해 마련했던 단도는 배려이자 응시였다.

달팽이가 두 성性을 동시에 갖게 됨으로써 이러한 특권을 얻기는 하지만, 자연은 달팽이들이 남성이 필요 없이, 여성이 필요 없이 살아가게끔 하지 않았다. 종種이 영속하기 위해서는 두 성이 모두 필요하다.[46]

그런데 더 완전한 자웅동체가 있다. 정원에서 흔하디흔하게 볼 수 있는 작은 곤충이 그것으로, 자연사가들은 이를 진딧물이라고 부른다. 진딧물은 전혀 교미를 하지 않고서도 개체를 생산하여 산 진딧물을 낳는다. 성실하기로는 누구도 따라올 수 없는 자연사가들의 관찰이 없었더라면, 자연에 존재하는 그 무엇도 놓치지 않지만 자연에 존재하는 것이 아니면 보지를 않는 레오뮈르 씨가 이 점을 인정하지 않았더라면, 누가 이 경이로운 사실을 믿을 수 있었겠는가.

어미나 아비의 뱃속에서 나온 진딧물을 한 마리 잡아서 다른 진딧물과 격리하여 철저히 갈라놓았다. 진딧물을 밀봉한 유리그릇에 담아 먹이를 주었더니 수많은 진딧물이 생기지

· ·

46.　[원주] Mutis animis, amant, amantur. (Catull. Carm. XLIII.)
　　　[역주] "자연에서는 사랑하고 사랑받아야 한다."

않던가. 첫 번째 진딧물의 배에서 새끼 진딧물이 나올 때, 그중 하나를 잡아서 어미를 가뒀던 것처럼 다시 가두어보았더니, 마찬가지로 금세 다른 진딧물이 생겼다. 그래서 교미가 전혀 없었어도 다섯 세대가 나왔다. 그런데 이것만큼 놀라운 경이로 보일 수 있는 것은 교미 없이 새끼를 낳을 수 있는 진딧물들이 필요한 경우에는 교미를 잘하기도 한다는 점이다.[47]

자기 종의 어떤 동물과 유리된 채 새끼들을 만들어내는 이러한 동물들은 어머니 뱃속에서 교미를 했을 수도 있을 것이다. 그런데 진딧물이 교미를 하면서 다른 진딧물을 수태할 때, 그 진딧물이 여러 세대의 진딧물을 동시에 수태하는 것일까? 어떤 입장을 취하든지, 무엇을 상상해볼 수 있든지, 이 경우에는 어떤 유사관계도 가능하지 않다.

폴립이라는 이름을 가진 물속에 사는 벌레가 있는데 이들의 증식 방법은 훨씬 더 놀랍다. 나무에서 가지가 자라듯이 폴립에서 어린 폴립들이 나온다. 어린 폴립들은 일정한 크기에 이르면 그들이 생겼던 몸통에서 떨어져 나온다. 그런데 이렇게 떨어져 나오기 전에 어린 폴립에서 다시 또 다른 어린 폴립이 생긴다. 후손 폴립들은 서로 다른 시기에 생겼어도

· ·

47.　[원주] Hist. des Insect. de M. de Reaumur, p. 523.

모두 선조가 된 폴립 하나에 속해 있는 것이다. 이 발견을 한 저명한 저자는 폴립의 자연적인 생식이 결국 이렇게 이루어지는 것인지, 그보다 앞서 교미가 전혀 이루어지지 않았던 것인지 연구하고 싶었다. 그래서 이를 확인해보려고 대단히 천재적이고 엄청난 끈기가 필요한 방법을 사용해보았다. 그는 지성이 가장 떨어지는 동물들에게 간혹이라도 가장 섬세한 지성을 갖춘 동물만큼, 혹은 그 이상으로 무엇이 됐든 사랑의 술책이 전혀 이루어지지 않도록 주의를 기울였다. 이렇게 이루어진 관찰의 결과 폴립은 아무런 교미도 없이 생식한다는 점이 증명되었다.

하지만 폴립이 개체를 증식하는 어떤 다른 방식을 갖는지 알게 된다면 필시 다들 놀라게 될 것이다. 믿거나 말거나 이런 경이에 대해 한 번 들어보겠는가? 그렇다. 확실한 경험과 증언들을 통해 본다면 이 점은 의심할 여지가 없다. 어떤 동물은 일부분으로 잘리기만 해도 개체를 증식할 수 있다. 머리 부분만 남은 몸통에는 꼬리가 생기고, 꼬리 부분만 남은 몸통에는 머리가 생긴다. 머리도 없고 꼬리도 없는 부분에는 머리와 꼬리가 생긴다. 옛날이야기에 등장하는 히드라보다 더 경이롭지 않은가. 폴립을 가로로 잘라 볼 수도 있고, 어떤 방식으로도 잘라 볼 수 있는데, 그때마다 모든 부위가 금세 재생되고 각 부분은 하나의 새로운 동물이 된다.[48]

이러한 이상한 방식의 생식을, 이 동물의 각 부분에 퍼져 있는 생명의 원리를 어떻게 생각할 수 있을까? 이 동물들은 태어나자마자 성장할 준비가 완전히 끝난 배胚의 더미일 뿐인 것일까? 그렇지 않다면 우리가 알지 못하는 방식을 통해 잘려

· ·

48. Philosoph. Transact. N° 567. 트랑블레 씨가 폴립에 대해 발견한 내용을 담은 책이 곧 발간될 예정이다.

[역주] 1740년에 제네바 출신의 수학자이자 자연사가였던 아브라함 트랑블레는 민물에 사는 작은 생물 폴립을 관찰하던 중 놀라운 발견을 했다. 그전까지 식물로 알려져 있던 이 작은 생물이 동물처럼 스스로 움직이고 먹이를 잡아먹고 소화를 한다는 점이 그 한 가지였다면 더욱 놀라운 사실은 이 생물을 넷으로 자르면 네 개로, 여덟으로 자르면 여덟 개의 완전한 개체로 성장했다는 것이 다른 한 가지였다. 트랑블레는 자신이 발견한 사실을 프랑스의 곤충학자 레오뮈르에게 알렸고, 레오뮈르는 트랑블레가 보내온 폴립 개체를 가지고 동일한 실험을 했다. 레오뮈르는 트랑블레의 실험이 정확했음을 확인한 뒤, 역시 오랫동안 이 생물을 연구했던 베르나르 드 쥐시외와 함께 논의한 뒤, 이 기이한 생물에 폴립이라는 이름을 붙였다. 그때까지 폴립은 바다에 사는 히드라를 가리키는 말이었으나 트랑블레의 폴립은 이와 구분하기 위해 민물 폴립이라는 이름을 얻었다. 이 말은 그리스어 πολύπους에서 온 것으로 '다수'를 뜻하는 πολύ와 발足을 뜻하는 πους의 합성어이다. (이충훈, 「디드로와 폴립: 디드로의 과학이론과 문학적 상상력」, 인문논총 66집, 서울대학교 인문학연구원, 2011, pp. 141-142 참조). 레오뮈르는 트랑블레의 폴립에 대한 관찰 연구 보고를 접한 뒤, 트랑블레가 연구를 신속히 끝내도록 격려했고, 트랑블레가 연구 결과를 책으로 출판하게 되는 것은 1744년의 일이다.

진 부분에 없는 모든 것이 재생되는 것일까? 자연은 다른 모든 동물들에게 개체를 증식하는 행위에 쾌락을 느낄 수 있도록 해놓았는데 폴립에게는 조각으로 잘려질 때 어떤 종류의 쾌감을 느끼게 했을까?

12장

발육 이론 고찰

대부분의 현대 자연학자들은 식물에서 일어나는 과정을 통해 유추를 했다. 그들은 식물의 각 부분들이 만들어지는 것은 구근이나 씨앗 속에 이 부분들이 이미 형성된 채 들어 있어서 단지 그것이 발육하는 것에 불과하다고 봤다. 그랬기 때문에 그들은 유기체가 어떻게 만들어지는지 이해할 수 없었다. 이들 자연학자들은 모든 생식 과정을 그저 단순히 발육이 이루어지는 과정으로 보고자 한다. 그들은 어떤 새로운 생명의 탄생을 가정하는 것보다 모든 종의 동물이 아버지나 어머니 속에 완전히 형성된 채 들어 있었다고 가정하는 편이 더욱 명확하다고 생각한다.

내가 그들의 생각을 반박하는 것은 이들 동물을 구성하는 부분들이 너무 작기 때문도 아니고, 동물을 이루는 부분에서 순환하는 유동적인 액체가 있다고 보기 때문도 아니다. 나는 그들이 생각을 좀 더 깊게 해보고 다음과 같은 점을 고려해 줄 것을 부탁한다. 1. 식물이 만들어질 때 관찰할 수 있는 것을 동물의 생식에도 적용할 수 있는가? 2. 자연학은 새로운 존재가 만들어진다는 가정을 세우는 것보다 발육 이론을 통해 더욱 명확해지는가?

첫 번째 문제를 살펴보면 튤립의 구근에 이미 완전히 형성을 끝낸 잎과 꽃이 보이며, 튤립이 자라 꽃을 피우는 모습은 이들 부분들이 실제로 발육한 것에 불과하다는 점은 사실이다. 하지만 동물과 식물을 비교하고자 한다면, 식물의 구근을 동물에 어떻게 적용할 수 있을까? 그것은 이미 형성을 끝낸 동물이라 해야 할 것이다. 구근은 그것으로 자라날 튤립 자체일 뿐이다. 그렇다면 한 구근 안에 앞으로 태어나게 될 모든 튤립이 들어 있다는 가정을 어떻게 증명할 수 있을까? 자연학자들은 식물의 사례에 자주 의존하지만 이것으로 증명되는 것은 아무것도 없다. 식물에는 우리 눈에 아직 보이지 않지만 그 식물을 이루는 부분들이 발육하고 성장하여 눈에 띄게 하는 데 필요로 하는 어떤 상태가 있을 뿐이다. 동물에도 같은 상태가 있지만, 그 상태에 이르기 전에는 어떤 상태였는지부터 알아야 하지 않겠는가? 결국 식물과 동물을 비교하여 유추하는 일은 전혀 확실성을 갖추지 못한 것이 아니겠는가?

두 번째 문제를 살펴보면 새로운 존재가 만들어진다고 가정하는 것보다 발육 이론을 통해 자연학이 더욱 명확해지는 것이라면, 매번 생식이 이루어질 때마다 유기체, 동물이 어떤 방식으로 형성되는 것인지 우리는 정말이지 전혀 모른다고 하겠다. 그런데 하나 안에 다른 하나가 포함되어 있고, 이런 식으로 무한히 연속된 동물들이 동시에 형성되었다는 것이 더 명확히 이해되는가? 내가 보기에 이 문제에 대해 다들 잘못 생각하고 있어서 그 잘못을 벗어나야 난점이 해결될 것 같다. 그런데 모든 유기체가 차례차례 형성된다고 생각하는 것이나 하나 안에 다른 하나가 포함되어 있고 하나 안에 모든 것이 포함되는 방식으로 형성된다는 것이나 난점은 동일하다.

데카르트는 고대인들처럼 인간은 남성과 여성이 분비한 액체가 섞여 형성된다고 생각했다. 저 위대한 철학자는『인간론』에서 어떻게 운동과 발효의 법칙만으로 심장, 두뇌, 코, 눈 등이 형성되는지 설명할 수 있다고 생각했다.[49]

태아가 두 정액이 섞여 형성된다는 데카르트의 생각에는 대단히 놀라운 데가 있고, 정신적인 원인이 모종의 작용을

● ●

49.　L'homme de Descartes, & la formation du foetus, pag. 127.

일으킬 수 있었던 것이라면 그의 생각에 동의할 수도 있을 것이다. 데카르트가 그저 고대인들에 호의적이었거나, 다른 이론을 생각할 수 없었기 때문에 그런 주장을 옹호했다고 생각할 수는 없기 때문이다.

그러나 조물주가 동물의 형성은 오직 운동의 법칙을 따르게끔 했건, 즉각 조물주의 손을 개입시켜 동물을 형성했건, 애초에 하나 속에 다른 하나를 집어넣는 방식으로 동물을 창조했건, 이들 동물이 전부 동시에 형성되었다고 생각해서 이득이 될 것이 무엇일까? 모든 동물이 차례차례 형성된다고 생각해서 자연학이 잃을 것은 무엇일까? 우리는 동시적인 시간과 순차적인 시간을 구분하지만 신이 보기에 그 두 시간 사이에 어떤 차이가 있기나 할 것인가?

13장

아버지와 어머니가 태아의 형성에 똑같이 참여한다는 점을 증명하는 이유들

동물이 매번 생식행위를 할 때마다 형성된다고 생각하는 것보다, 생식행위가 이루어지기 전에 이미 형성을 마치고 하나 안에 다른 것들이 들어 있다고 생각하는 편이 더 유리한 것도 아니고, 더 명확한 것도 아니라고 본다면, 우리가 사물의 근본이며 동물의 형성과정을 어느 쪽도 여전히 설명할 수 없다고 한다면, 동물 형성과정에 양성兩性 모두가 공헌한다는 점을 보여주는 분명한 이유가 많다. 아이는 아버지의 특징을 갖고 태어날 때도 있고 어머니의 특징을 갖고 태어날 때도 있다. 아이는 부모의 결함과 습관을 갖고 태어나며, 부모의 성향이며 정신의 특징까지 갖고 태어나는 것 같기도 하다. 경험상 항상 그렇게 닮는 것은 아니겠지만 자주 닮곤 하니 그것을 우연의 결과로 돌릴 수는 없다. 이러한 유사성은 흔히 보이는 일이어서 큰 주목을 받지 않을 수도 있다.

다양한 종이 함께 섞일 때 이러한 유사성은 더욱 분명히 눈에 띈다. 흑인 남자와 백인 여자가 결혼했을 때 아이의 피부색이 섞이는 것 같다. 그래서 아이의 피부에는 올리브색이 돌고 어머니의 특징과 아버지의 특징을 반씩 나눠 가진다.

그러나 종의 차이가 더욱 심할 경우 그렇게 태어난 동물은 더욱 심하게 변한다. 당나귀와 암말 사이에서 태어난 새끼는 말도 아니고 당나귀도 아니며, 두 종이 명백히 혼합된 동물이다. 변화가 너무 크기 때문에 노새의 신체 기관으로는 생식이 이루어지지 않는다.

이런 경험을 더욱 멀리까지 밀고 나가서 또 더욱 상이한 종들에게 적용해본다면 새로운 괴물들이 나타나게 되는 것을 분명히 볼 수 있게 될 것이다. 이 모든 것으로 미루어보건대 태어나는 모든 동물은 두 종자가 결합된 혼합물이라고 생각할 수 있다.

한 종에 속한 모든 동물이 이미 형성을 끝낸 채 극미동물의 형태나 난의 형태로 아버지에게나 어머니에게만 들어 있다면, 어떻게 아이는 아버지도 닮으면서 어머니도 닮을 수 있게 될까? 태아가 아버지의 정액 속을 헤엄치는 벌레였다면 그것이 어머니를 닮는 일은 어떻게 일어나는 것일까? 태아가 어머니의 난에 불과했던 것이라면 그것이 아버지의 모습을 갖고 태어나는 건 어떻게 된 일일까? 이미 암말의 난 속에 완전히 형성되어 있는 작은 말이 당나귀의 귀를 갖게 된 것은 당나귀 수컷이 그 난을 구성하는 모든 부분을 움직였기 때문이 아닐까?

정자 벌레가 어머니에게서 양분을 얻었으므로 어머니를 닮고 어머니의 특징을 갖게 되는 것이라고 어떻게 믿고 생각할 수 있을까? 그런 생각은 동물이 섭취하는 먹이의 모양을 닮게 되거나, 살아 왔던 공간의 모양을 닮게 된다고 믿는 것 이상으로 대단히 우스꽝스러운 생각일 것이다.

14장
괴물에 대한 이론

과학아카데미 논문집에 저명한 두 사람이 오랫동안 논쟁을 벌였는데 이들이 싸웠던 방식을 봤을 때 두 논쟁자 중 하나가 죽어야 끝날 법한 논쟁이었다. 괴물을 주제로 한 문제였다. 어느 종에서든 기형을 가진 동물이 태어나곤 한다. 신체의 몇몇 부분을 갖지 못하고 태어나는 동물이 있는가 하면, 몇몇 부분을 과잉으로 갖고 태어나는 동물들이 있다. 논쟁을 벌였던 두 해부학자는 난 이론에는 동의했지만 한 사람은 괴물은 난에 어떤 사고가 일어나 생긴 결과일 뿐이라고 한 반면, 다른 사람은 애초에 괴물로 태어날 난이 있어서, 완전한 동물이 들어 있는 난이 있는 것처럼 완전히 형성이 끝난 괴물이 들어 있는 난이 있는 것이라고 주장했다.

한 사람은 어떻게 난에 장애가 생겨 괴물이 태어나는지 대단히 명확하게 설명했다. 난이 무르고 약했던 때 무언가 사고가 생겨 몇몇 부분이 파괴되면 어떤 신체 부위가 절단되어 태어난 아이, 즉 '결여의 괴물'이 태어날 수 있다. 두 개의 난이나, 한 개의 난에 들어 있던 두 개의 종자가 결합하거나 섞일 때 어떤 신체 부위를 과잉으로 갖고 태어난 아이, 즉 '과잉의 괴물'이 태어나게 된다. 제일 단계第一 段階 괴물은 서로 들러붙어 태어난 쌍둥이일 것이다. 이런 사례가 간혹 눈에 띈다. 이 경우에는 난의 주요 부분 중 어느 것도 파괴되지 않았을 것이다. 태아의 표면을 이루는 부분들에서 어떤 곳이 찢겨져 있거나 서로 겹쳐 있을 때 두 육체가 결합된다. 하나의 몸통에 머리가 두 개 달린 괴물과 머리는 하나인데 몸통이 두 개인 괴물의 차이는 두 난 중 하나에서 더 많은 부분이 파괴되었으리라는 것밖에는 없다. 즉 머리가 둘일 경우에는 두 몸통 중 하나를 만들었던 부분들 전체가, 몸통이 둘일 경우에는 두 머리 중 하나를 만들었던 부분들 전체가 파괴된 것이다. 마지막으로 손가락 하나가 더 많은 아이는 여전히 두 난이 결합한 괴물이지만, 이 두 난 중 하나에서 그 손가락을 제외한 모든 부분들이 파괴된 경우이다.

그와 맞섰던 적은 추론가보다는 해부학자였다. 앞의 이론이 내뿜는 화려한 광채에도 전혀 아랑곳하지 않고 여러 괴물들을 내세워 이를 반박했다. 그가 내세운 괴물들은 대부분 그 자신이 직접 해부해보았던 것으로, 그 가운데 우발적인 장애가 일어나서 생겼다고는 설명할 수 없어 보이는 기형들을 찾아냈다.

한 사람은 추론을 통해 이러한 기형을 만들어내는 장애들을 설명하고자 했다. 다른 사람은 수많은 괴물들을 내세워 맞섰다. 레므리 씨가 원인을 내세울 때마다 윈슬로 씨는 어떤 새로운 괴물을 내세워 그의 설명을 반박했다.

결국 그들은 형이상학적인 원인에 이르렀다. 레므리 씨는 신이 태초에 괴물의 종자를 창조했다고 생각하는 것은 신을 모독하는 일이라고 생각했다. 윈슬로 씨는 신의 능력을 지나치게 광범한 단일성과 규칙성에 국한시키는 일은 그 능력을 제한하는 일이라고 생각했다.

이 논쟁에서 어떤 이야기가 오갔는지 살펴보고자 하는 사람들은 아카데미 논문집을 참조하기 바란다.[50]

저명한 덴마크 저자 한 사람은 괴물이 발생하는 원인을 다른 식으로 생각했다. 그는 혜성이 다가올 때 괴물이 발생한다고 생각했다. 참으로 기이하기 이를 데 없는 일이지만 저

• •

50.　[원주] Mém. de l'Acad. Royale des Sciences années 1724, 1733, 1734, 1738 et 1740.

위대한 덴마크의 의사가 혜성을 하늘의 '종기abcès'로 보고
식이요법을 처방하여 전염을 피하라고 했던 일은 인간의 정신
으로서는 정말 수치스러운 일이었다.[51]

· ·

51.　[원주] Th. Bartholini de cometâ, Consilium Medicum, cum Monstrorum
　　　in Daniâ natorum historiâ.
　　　[역주] 토마스 바르톨린Thomas Bartholin의 저작, 1665.

15장

산모의 상상력 때문에 일어난 사건들

내가 보기에 조금 전에 언급했던 괴물들보다 더욱 설명하기
어려운 현상이 하나 있으니, 그것은 산모의 상상력이 원인이
되어 생겼다는 괴물들이다. 이들은 산모가 두려워했거나 경탄
했거나 욕망했던 대상의 모습을 그대로 갖게 된 아이들이다.
보면 놀라움이나 두려움을 일으키곤 하는 흑인, 원숭이, 혹은
다른 동물이 산모의 눈에 띄면 어쩌나 걱정들을 하는 것이
보통이다. 임신 중의 여자가 어떤 과일을 먹고 싶어 하지
않을까, 먹어도 먹어도 계속 먹고만 싶은 식욕을 느끼면 어쩌
나 걱정들을 한다. 그러한 우발적인 사건들이 흔적으로 남아
있는 아이들에 대한 이야기는 수도 없이 많다.

내가 보기에 이러한 현상을 논했던 사람들은 완전히 다른

두 가지 현상을 혼동했던 것 같다.

한 여자가 엄청난 위험에 처해서 소름 끼치는 동물을 보고 공포에 빠진 나머지 강렬한 정념에 휩싸이게 되면서 마음에 극심한 동요가 일어나 기형아를 출산한다는 것은 참으로 쉽게 이해될 수 있다. 확실히 태아와 산모는 긴밀히 연결되어 있으므로 산모의 동물정기les esprits나 피에 격렬한 동요가 일어나면 이것이 태아에 전해져 장애의 원인이 된다. 산모야 이러한 장애에 저항할 수 있겠으나 태아를 구성하는 부분들은 사소한 자극도 수용하게 되어 이에 짓눌리고 만다. 우리의 의지와는 무관한 이러한 운동이 산모와 산모의 뱃속에 있는 태아 사이의 거리보다 더 먼 거리에서도 작용된다는 점을 다반사로 볼 수 있고 또 경험한다. 내 앞에 걸어가는 남자가 발을 헛디디면 내 몸도 자연스럽게 그 남자가 넘어지지 않으려고 취해야 했을 자세를 따르게 된다. 다른 사람이 고통스러워하는 것을 볼 때 우리 역시 그가 겪는 고통을 일부나마 느끼게 되며, 때로는 철과 불이 작용할 때 생기는 격렬한 반응보다 더 강렬한 반응을 느끼기도 한다. 이런 것이 자연이 사람들을 서로 묶어주었던 끈이 아니겠는가. 자연은 사람들로 하여금 서로 같은 고통을 느끼게 해주면서 동정심을 일으키게끔 한다. 쾌락과 고통은 세상을 지배하는 두 주인으로서, 쾌락이 없다면 인간은 자신의 종種을 애써 이어갈 생각을 하지 않을 것이며, 고통을 두려워하지 않는다면 많은 사람들은 계속 살아갈 생각을 하지 않을 것이다.

그러므로 숱하게 보고된 이러한 사실이 진실이라고 한다면, 한 여자가 사형수가 사지를 끊는 차형을 받는 것을 본 뒤, 그렇게 끊어진 사형수의 사지와 똑같은 곳이 끊어진 아이를 출산했다는 이야기가 내가 보기에는 이와 비슷한 다른 모든 이야기보다 더 놀랄 만한 것이 아닌 것 같다.[52]

하지만 이런 사실을 산모의 상상력이 자신을 공포에 빠뜨렸

---

52. 말브랑슈는 『진리의 탐색에 관하여』에서 태어날 때부터 사지가 절단되어 태어난 폐질자癈疾者 구제원에 수용되었던 한 젊은이의 사례를 들고 있다. 이 젊은이의 어머니가 임신 중에 범죄자의 사지를 찢어 죽이는 차형이 이루어지는 장면을 봤던 것이 그 불행의 원인이 되었다는 주장이다. "이 불행한 이가 받았던 모든 형벌이 산모의 상상력을 강하게 자극했다. 일종의 반작용이 일어나 태아의 연약하고 민감한 두뇌도 역시 자극되었다. 산모의 두뇌섬유는 기이하게 동요되었다. 대단히 끔찍한 일을 보았기 때문에 정기가 격심하게 흘러 어떤 부분에서는 끊어져버리기도 했을 것이다. 그러나 산모의 두뇌섬유는 단단해서 완전히 충격을 받지는 않았다. 반대로 태아의 두뇌섬유는 억수로 쏟아지는 정기에 저항할 수 없어서 완전히 쓸려가 버렸고 이렇게 엄청난 재해를 받아 정기를 아주 잃고 말았다. 바로 이러한 이유 때문에 그 아이는 감각을 잃고 태어났다. 아이는 어머니가 사형집행 광경을 보았던 죄인의 육체와 동일한 부분이 절단되었던 것이다"(Nicolas Malebranche, *De la recherche de la vérité*, II, I, VII, §2, in *Œuvres complètes*, t. I, éd. Geneviève Rodis-Lewis, Vrin, 1972, p. 236).

던 대상이나 간절히 먹고 싶었던 과일의 모습을 태아에 새기게 된다고 주장하는 사실들과 혼동해서는 안 된다. 물론 두려움이 태아를 구성하는 대단히 무른 부분들에 상당한 장애를 만들 수는 있다. 하지만 두려움 자체는 산모를 두렵게 만들었던 대상과는 아무런 관계가 없다. 내 생각에는 오히려 산모가 호랑이에게 공포를 느낀 나머지 태아를 완전히 죽음에 몰아넣거나 엄청난 기형을 갖고 태어나게 할 것 같다. 그런데 아이가 호랑이처럼 얼룩 반점을 가지고 태어났다거나 호랑이 발톱을 가지고 태어났다는 말은 도무지 믿을 수가 없다. 그랬더라도 그것은 우연의 결과에 불과한 것이어서 호랑이에 대한 두려움과는 아무런 공통점이 없다. 마찬가지로 사지가 끊어져 태어난 아이는 산모가 임신 중에 먹고 싶어 했던 버찌 열매의 흔적을 갖고 태어날 아이보다는 훨씬 더 경이롭다. 산모가 어떤 과일을 먹고 싶어 하거나 그것을 봄으로 해서 경험하는 감정과 그 감정을 자극하는 대상과는 아무런 관계가 없기 때문이다.

그런데 흔히들 주장하듯 산모의 욕망으로 인해 형성되었다는 이러한 징후들은 다반사로 볼 수 있다. 버찌 열매일 때도 있고, 포도일 때도 있고, 생선일 때도 있다. 나는 그런 사례를 대단히 많이 관찰했다. 그러나 고백건대 나는 쉽사리 어떤 부수적 결과나 우발적인 흔적으로 귀결할 수 있을 만한 사례는 전혀 본 적이 없다. 나는 한 아가씨의 목에 생쥐 모양이 달린 것도 본 적이 있는데 그녀의 어머니가 임신 중에 생쥐를 보고 굉장히 놀랐던 일이 있었다. 산모가 임신 중에 생선을 먹고 싶어 했더니 팔에 생선 모양이 달린 딸을 낳기도 했다. 어떤 사람들 눈에는 이 동물이 뚜렷하게 보였지만 내가 봤을 때는 목에 생쥐 모양을 가진 처녀는 검고 털이 난 반점뿐이었고 이런 종류의 반점은 간혹 뺨에 나타나는 경우도 있는데 그것이 무엇을 닮았는지 확실히 몰라서 별다른 이름을 붙이지 않는 것이다. 팔에 생선 모양이 달린 처녀의 경우에 그것은 그저 회색 반점에 불과했다. 어머니들의 증언에서 이런저런 공포와 욕망에 사로잡힌 적이 있다는 기억을 난처하게 볼 필요는 없다. 산모들은 그런 흔적을 갖고 태어난 아이를 낳고 나서야 이런저런 욕망이며 두려움에 사로잡힌 적이 있음을 기억하는 것이다. 그러므로 산모들의 기억은 그녀들이 무얼 원했는지 알려주는 것이다. 사실 아홉 달 동안 산모가 어떤 동물도 두려워한 적이 없고 어떤 과일도 먹고 싶은 적이 없기란 참으로 어려운 일이 아닌가.

16장

난 이론과 극미동물 이론의 난점

생식이 이루어지는 방식의 문제로 돌아가 보자. 우리가
앞서 언급한 것은 본 주제를 명확히 이해하게 해주기는커녕
의혹만 더욱 키워놓았을지 모를 일이다. 세상 곳곳에서 경이
로운 사실들이 발견되었고 이론은 계속 불어났다. 이렇게
너무나도 다양한 대상을 만나다보니 우리가 연구하는 대상을
이해하기란 더욱 어려운 일이 되었다.

나는 앞서 제시한 모든 이론들이 지나치게 결함이 많다고
생각해서 그 어느 것도 받아들이지 않겠다. 내가 보기에 이
분야는 너무도 무지한 상태에 있어서 어떤 이론을 세워보기가
꺼려진다. 나는 몇 가지 막연한 생각을 갖고 있을 뿐이어서
이를 받아들여야 할 의견이라기보다는 검토해야 할 문제로

제안한다. 내 생각이 받아들여지지 않는대도 나는 전혀 놀라지 않을 것이고, 이에 대해 불평할 이유도 없다고 본다. 어떤 결과가 이런 방식 저런 방식으로 이루어지지 않는다는 것을 보여주는 일보다 어떤 결과가 이루어지는 방식을 발견하는 일이 훨씬 어려운 일이므로, 나는 난 이론도, 극미동물 이론도 합리적으로 받아들일 수 없음을 보여주는 것으로 시작하려고 한다.

내 생각에 이 두 이론은 어느 쪽도 하비가 태아의 형성을 관찰했던 방식과 맞지 않는 것 같다.

그런데 나는 이 두 이론 모두 아이가 아버지를 닮을 때도 있고 어머니를 닮을 때도 있으며, 상이한 두 종의 결합으로 반씩 닮은 채 태어나는 동물이 있다는 사실로써 확실히 무너지게 된다고 생각한다.

아버지와 어머니가 아이를 낳는 데 여하간의 방식으로 공헌을 했더라도 어떻게 그 아이가 부모를 닮을 수 있는지 위의 어느 이론으로도 설명할 수 없을 것 같다. 그렇지만 아이가 아버지와 어머니를 닮는다는 사실로부터 아이가 만들어지려면 두 사람이 똑같은 역할을 했기 때문이라는 결론을 내릴 수 있다고 생각한다.

여기서, 자궁에서 태아가 수태되는 것을 두뇌에서 관념이 수태되는 것과 비교했던 하비의 생각을 더는 생각하지 말도록 하자. 이 점에 대해 저 위대한 하비가 말한 것으로 이 주제가 얼마나 해결하기 어려운 것인지 그가 깨달았다는 점을 이해하고, 제안할 수 있는 생각들이 아무리 이상해 보일지라도 더욱 끈기 있게 그 모든 생각들에 귀 기울여 보기만 하면 그만이다.

하비를 당혹스럽게 했고 결국 이러한 비교를 할 수밖에 없게 했던 것은 수사슴의 정액이 암사슴의 자궁에서 발견되지 않았던 사실 때문이다. 그래서 하비는 정액은 자궁으로 들어가지 않는다는 결론을 내렸다. 그런데 그런 결론을 내려도 좋았을까? 수사슴과 암사슴의 교미 시점과 해부의 시점 사이의 시간차가 정액의 대부분이 자궁에 들어갔다가 다시 외부로 흘러나오거나 아니면 자궁에 흡수되는 데 필요했던 시간보다 더 길었던 것은 아닐까.

베르헤얀의 실험으로 수컷의 정액이 간혹 자궁으로 들어갈 때가 있음이 증명되었는데, 이 실험에 따르면 정액은 항상 자궁에 들어가지만 다량으로 머무는 일은 없다시피 하기 때문에 이를 자궁에서 발견하기가 대단히 어렵다는 점을 알 수 있었다.

하비가 상당한 양의 정액을 관찰할 수도 있었을 것이다. 그가 자궁에서 그만 한 양의 정액을 찾지 못했다고 해서 벌써 완전히 습기에 젖은 막 위에 한 방울의 정액도 뿌려지지 않았다고 확신할 수는 없다. 정액 대부분은 이내 자궁 밖으로 쏟아지겠지만, 설령 극소량이 자궁에 들어갈지라도 이 액체는 암컷이 분비한 액체와 섞일 때 이것이 태아를 형성하는 데 필요한 것 이상일 수도 있을 것이다.

그러므로 나는 현대의 자연학자들에게 양해를 구하면서 그들이 대단히 천재적으로 상상했던 이론을 받아들일 수 없다고 말하겠다. 나는 명백히 모순되는 현상이 존재함에도 한 이론을 계속 따라야만 자연학을 앞당기게 된다고 생각하는 사람들과 의견을 같이하지 않기 때문이다. 그렇게 주장하는 사람들은 어떤 장소에 건물을 지으면 결국은 십중팔구 무너지게 된다는 것을 알면서도 거기에 건물을 세우고선, 건물은 단단하니까 안전하다고 그곳에 기거하는 자들이다.

난이라고 하는 것이 있다고 하고, 정액에서 발견한 극미동물이 있다고 해도, 생식이 이루어지는 방식에 대해 고대인들이 가졌던 생각을 내가 버려야 하는 것인지 모르겠다. 고대인들은 하비가 수행했던 실험에 너무나 부합하는 주장을 했는데 말이다. 우리는 고대인들이 우리만큼 멀리 나아가지 않았기 때문에 이러저러한 의견에 머물러 있었을 뿐이라고 생각하지만, 이와는 반대로 사실 고대인들이 우리보다 더 멀리 나아갔고, 더 오래된 시대의 경험들이 우리가 만족하여 머물러 있는 이론들이 불충분하다는 점을 깨닫게 했음을 받아들여야 할지 모르겠다.

사실, 태아가 부모의 두 정액이 결합하면서 형성된다고 말들은 했지만 그것으로 태아의 형성과정까지 설명했던 것은 아니었다. 하지만 우리가 여전히 무지상태에 있기는 하더라도 그것은 우리가 추론하는 방식이 잘못되어서가 아니다. 너무도 생경한 어떤 대상을 알고자 하는 사람은 그것의 발견이 그저 모호했을 뿐일지라도 그 대상과는 다른 대상들을 보다 명확히 아는 사람보다 더 훌륭한 결과를 얻기 마련이다.

　나는 데카르트를 대단히 존경하며, 그가 설명한 대로 태아가 부모의 두 정액이 결합되면서 형성된다고 생각하지만, 그의 설명 방식에 수긍할 수 있는 사람은 아무도 없으며, 어떻게 두 액체가 결합하면서 동물이 형성되는지를 오직 머릿속에서 이루어지는 역학을 통해 설명할 수 있다고는 생각할 수 없다. 하지만 이러한 경이가 이루어지는 방식을 아직 우리가 모른대도 적어도 그 방식만큼은 확실하다고 생각한다.

17장

태아 형성 가설

두 액체의 결합으로 태아가 형성되는 방식은 모르더라도 몇 가지 사실을 들어볼 수 있을 것이다. 이는 하비가 두뇌의 작용과 비교해봤던 것보다는 더 나아 보인다. 은銀과 질산을 수은과 물과 섞을 때 이들 물질을 구성하는 모든 부분들은 저절로 배열이 이루어져 꼭 나무를 닮은 결정結晶으로 이루어지므로, 이름도 그렇게 붙었다.[53]

이렇게 경이로운 결정이 형성된다는 사실이 밝혀진 이후,

• •

53. [원주] Arbre de Diane.
    [역주] 다이아나의 나무 혹은 철학의 나무라고 부르는데, 은銀에 질산을 가하면 은이 녹게 되고, 여기에 수은 한 방울을 떨어뜨리면 마치 나무가 자라는 듯한 모습이 형성되는데 이를 가리키는 말이다.

다른 여러 가지 사실도 발견되었다. 그 하나는 철이 바탕이 되는 경우로 결정이 꼭 나무 모양으로 이루어져서 몸통, 가지, 뿌리는 물론 나뭇잎과 열매까지 보인다.[54] 이러한 결정이 우리 눈으로 볼 수 없는 곳에서 이루어졌다면 대단한 기적이 아닌가! 대부분의 경이로운 자연현상은 자주 보게 되면 익숙해진다.[55] 그런 경이로운 현상이 눈에 익으면 정신이 그걸 이해한다고 생각들을 한다. 하지만 철학자에게는 여전히 난점이 남아 있다. 철학자가 결론 내려야 할 모든 것은 어떤 확실한 사실의 원인이 되는 것을 그가 아직 모르며, 철학자의 오감은 그의 정신에 굴욕이 될 뿐이라는 점이다.

확실한 점은 연구를 계속해 나간다면, 최소한의 연구만을

• •

54. [원주] Voyez Mém. de l'Acad. Royale des Scienc. ann. 1706. pag. 415.
   [역주] 이 현상은 철 부스러기에 질산을 가하면 철이 녹게 되고 여기에 알칼리성 주석 수(朱)를 가했을 때 나무가 자라는 듯한 모습이 형성되는데 이를 가리키는 말이다. 1706년에 루이 레므리가 발견했고, 이를 위의 다이아나의 나무와 구분하여 마르스의 나무라고 명명하여 과학아카데미 논문집에 실었다.

55. "Quid non in miraculo est, primum in notitiam venit?" C. Plin. Nat. h. L. VII. C. I.
   [역주] [원문에 라틴어로 되어 있다.] "[바다 멀리 사는 민족들은 특이한 풍속과 습관을 보여준다.] 어떤 것은 확실히 대부분의 사람들이 보기에 경이롭고 믿을 수 없을 것이다. [에티오피아 사람들을 보기 전에 그 누가 그들이 존재한다고 생각할 수 있었을까?]"

해 나간대도 이와 유사한 다른 것들을 또 찾아내리라는 점이
다. 그렇게 만들어진 것들이 대부분의 동물을 이루는 신체보
다 덜 유기적인 것처럼 보인대도 결국은 동일한 역학과 어떤
유사한 법칙을 따를 수 있는 것이 아닐까? 통상적인 운동의
법칙으로 충분히 설명할 수 있을까? 아니면 새로이 발견되어
야 하는 힘에 도움을 구해야 할까?

이 같은 힘이 이해력을 벗어나는 것일지라도, 새로운 입장
을 수용하기 전에 이를 신중히 따져보는 과학아카데미에서도
받아들여졌던 것 같다. 과학아카데미에서 가장 명망이 높은
한 분이 돌아가셨으니 우리 과학계는 오랫동안 그분의 사망을
애석해 할 것이다.[56] 자연의 비밀 속으로 가장 깊이 들어갔던
한 분으로, 이러한 작용이 운동의 일반 법칙을 따르지 않는다
는 점을 깊이 생각하셨고, '관계'라는 이름으로 부른다면 보다
긍정적으로 받아들일 수 있다고 생각했던 힘을 고려하지 않을
수 없다고 보셨다. 그런데 관계라 함은 '서로 결합될 수 있는
성향을 가진 두 실체의 결합이 이루어질 때마다, 이 두 실체

• •

56. [원주] Geoffroy.
   [역주] 몽펠리에 출신의 프랑스 화학자 에티엔 프랑수아 조프루아Éti
   enne François Geoffroy, 1672~1731를 말한다. 뉴턴의 영향을 받아 1718년
   에 물질 상호 간 화학 결합을 이루는 정도를 나타낸 친화력affinité의
   표를 발표했다.

중 하나와 더 큰 관계를 갖는 세 번째 실체가 나타날 때, 다른 실체를 놓아버리고 그것과 결합'[57]하게 만들어주는 것이다.

나는 여기서 이 힘과 관계가 보다 과감한 철학자들이 '인력'이라고 부르는 것과 같은 것이라고 말할 수 있다. 오늘날 이 고색창연한 용어가 되풀이되자, 그것이 없이도 자연의 모든 현상을 설명할 수 있다고 생각했던 자연학자들은 질겁했다. 천문학자들은 새로운 원리 없이 천구의 운동을 설명할 수 없다고 최초로 생각한 사람들이었고 천구 운동 자체에서 그 원리를 발견했다고 믿었다. 그 다음에 화학에서 이 용어가 필요하다는 점을 인정하였고, 천문학자들보다 훨씬 더 그 말의 의미를 확장했다.

이러한 힘이 자연에 존재한다면 동물의 몸을 형성할 때 작용하지 못할 까닭이 어디 있겠는가? 정액마다 심장, 머리, 내장, 팔, 다리를 만들도록 된 부분들이 있으며, 이들 부분들은 동물의 몸을 형성할 때 다른 부분보다 이웃하게 되는 부분과 훨씬 더 큰 관계를 갖게 된다. 태아는 그렇게 형성된다. 그것이 수천 배 더 복잡한 유기체일지라도 태아는 그런 방식으로 형성된다.

• •

57. [원주] Mém. de l'Acad. des Scienc. ann. 1718. p. 102.

부모의 두 정액에 오직 하나의 태아, 혹은 암컷이 배게 될 숫자만큼의 태아를 만들 부분들만 있다고 생각해서는 안 된다. 남성과 여성은 각자 필요한 것보다 훨씬 많은 부분들을 공급하게 된다. 하지만 서로 인접하게 될 두 부분들이 일단 서로 결합하게 되면, 필시 똑같은 방식으로 결합할 수도 있었던 세 번째 부분은 제자리를 찾지 못해 불필요해진다. 바로 이러한 방식으로, 바로 이런 작용이 반복되면서 아이는 아버지와 어머니를 구성하는 부분들을 가지고 만들어지며, 아버지에 속한 흔적들과 어머니에 속한 흔적들을 뚜렷이 갖추고 태어나게 된다.

각 부분이 이웃하도록 된 부분들과 결합되고, 또 오직 그 부분과 결합한다면 아이는 완전한 형태를 갖고 태어난다. 어떤 부분들이 너무 멀리 떨어져 있거나 너무 부적절한 형태를 띠고 있거나 결합관계가 너무 약해서 그 부분들이 결합해야 하는 부분들과 결합할 수 없을 때 '결여된 괴물'이 태어난다. 반면 필요 이상의 부분들이 들어갈 자리를 발견하여, 이미 결합이 충분히 이루어진 부분들과 결합하게 된다면 '과잉의 괴물'이 태어난다.

이 마지막 종류의 괴물에 주목해본다면 그것이 우리의 이론에 대단히 잘 부합하므로 그것으로 증명이 이루어지는 것 같다. 잉여의 부분들은 항상 반드시 있어야 하는 부분들과 같은 자리에서 나타나기 때문이다. 머리가 둘인 괴물이 있다면 두 개의 머리는 동일한 목 위에 위치하거나 두 개의 척추뼈와 이어진다. 몸통이 둘인 괴물도 같은 방식으로 결합되어 있다. 다지증을 갖고 태어난 사람들의 사례는 대단히 많다. 그런데 잉여의 손가락과 잉여의 발가락이 발견되는 곳은 항상 손이나 발이다. 그런데 이들 기형 괴물이 두 개의 난이나 두 명의 태아가 결합되어 만들어질 수 있는 존재라고 해보자. 둘 중 하나의 부분들이 모두 파괴되고 남은 부분이, 전혀 파괴되지 않았던 다른 난이나 태아의 부분들과 정확히 똑같은 자리에 위치하는 방식으로 결합이 이루어진다고 생각해야 할까? 나는 예전에 경이로운 존재를 본 적이 있는데 그것이 더욱 이 문제를 결정적인 것으로 만들 것이다. 척추뼈가 하나 더 있는 것 외에는 전혀 다른 기형을 갖지 않은 거인의 골격이 그것이다. 잉여의 뼈는 다른 척추뼈들에 이어서 붙어 있었고, 다른 뼈와 함께 척추를 이루고 있었다.[58] 그렇다면 이 잉여의

··
58. [원주] 이 기이한 골격이 베를린의 왕립과학 및 문예아카데미의 해부학실에 있다. 해부학 교수 부데우스Buddeus 씨가 내게 다음과 같은 설명을 보내왔다.
     "제가 어제 받은 당신의 부탁에 부응하여 저희 해부학실에 척추뼈가 하나 더 많은 골격이 실제로 있음을 말씀드릴 수 있어 기쁩니다. 신장이 7피에(약 227cm)에 달하는 거인인데, 돌아가신 선왕은 이것이 아주 드문 예이기 때문에 보존해 달라고 이리로 보내셨습니다.

척추뼈가 두 태아 중 하나의 태아에서 척추뼈 하나를 제외하고 모든 부분이 사라지고 남은 잔여 부분이라고 생각할 수 있을 까?

괴물이 본래 존재했던 괴물의 종자에서 태어나는 존재라고 해보자. 어려움이 더 적어질까? 왜 괴물의 종자는 부분들이 배치될 때 그런 질서를 따르는 것일까? 왜 귀는 발에 달리는 일이 없고, 손가락은 머리에 달리는 일이 없는가?

고양이나 개, 말 등의 머리가 달린 인간 괴물이 어떻게 생길 수 있는지 설명해보기 위해 그런 존재를 볼 때까지 기다 릴 것이다. 사람들이 말하곤 했던 그런 몇몇 존재를 연구해보

●●

저는 그것을 정성껏 연구하였으며 잉여의 척추뼈는 요부腰部에 위치해 있습니다. 목의 척추뼈에는 독특한 특징이 있어서 이를 쉽게 알아볼 수 있습니다. 그러므로 그 척추뼈는 분명히 목의 척추뼈 가 아니며 등의 척추뼈도 역시 아닙니다. 왜냐하면 늑골의 특징이 나타나기 때문입니다. 요부의 첫 번째 척추뼈는 등의 열두 번째 척추뼈와 결합하면서 자연적인 유사성이 있습니다. 그리고 요부의 마지막 척추뼈는 보통 모습과 같이 선골仙骨뼈에 붙어 있습니다. 그러므로 요부의 나머지 척추뼈들 사이, 즉 요부의 첫 번째와 마지막 뼈 사이에 잉여의 뼈를 찾아야 합니다."

[역주] 아우구스틴 부데우스Augustin Buddeus, 1695~1753는 독일 포메 라니아 출신의 의사이자 해부학자이다. 네덜란드의 레이덴에서 의학박사 학위를 받고 돌아와 베를린에서 해부학 교수로 일했다(*Di ctionnaire des sciences médiales. Biographie médicale*, t. III, Paris, Panckoucke, 1821, p. 42).

았지만 어느 것이든 몇몇 기형적인 특징을 따른 것일 뿐이었다. 나는 어떤 개체에서도 그것이 속한 종과는 다른 종에 속한 것이 분명한 부분을 발견한 적이 없다. 미노타우로스나 켄타우루스 같은 존재를 누가 내게 보여주었대도 나는 그걸 경이라기보다는 범죄라고 생각할 것이다.

태아의 형성과 관련하여 우리가 제시한 생각은 어떤 다른 것보다 생식의 모든 현상, 아이가 아버지와 어머니를 모두 닮는다는 사실, 상이한 두 종의 결합으로 복합적인 특징을 갖고 태어나는 동물, 과잉의 괴물과 결여의 괴물을 설명하는 데 적합한 것 같다. 결론적으로 이 생각은 세월이 흐른대도 하비가 행한 관찰과 함께 살아남을 수 있는 유일한 것으로 보인다.

18장

극미동물은 어디에 소용되는지에 대한 가설

    그런데 현미경으로 수컷의 정액에서 발견했던 이 극미동물들은 어떻게 될까? 자연은 이들에게 어떤 쓸모를 정해 놓은 것일까? 우리는 이 동물들이 존재하지 않았다고 봤던 몇몇 해부학자들을 따라서는 안 될 것이다. 현미경을 제대로 사용할 줄 아는 사람이라면 절대 그 존재를 못 볼 수가 없다. 그렇기는 하지만 극미동물이 어디에 소용이 되는지 정말 모를 수 있다. 그것들은 스스로 동물 자체가 되지 않으면서 동물을 만드는 데 어떤 식으로든 소용이 될 수는 없는 것일까? 극미동물들은 생식력을 가진 액체를 운동하게 만들어, 지나치게 멀리 떨어진 부분들을 접근시키고, 서로 만나야 하는 부분들을 다양한 방식으로 서로 마주보게끔 해서 그 부분들을 쉽게 결합할 수 있도록 하는 데 사용될 뿐일지도 모른다.

나는 여러 차례 고배율의 현미경을 이용해서 여성이 분비하는 액체에도 비슷한 동물이 있지 않을까 찾아보았지만 아무것도 발견하지 못했다. 하지만 나는 이 점에 대해 그런 것은 없다고 단정하고 싶은 마음은 없다. 나는 여성에게도 생식을 가능케 하는 액체가 있다고 보지만 그것의 양은 극히 적을지도 모르고, 자궁에만 머물러 있을지도 모른다. 또 그것 말고도 여성은 그것과 다른 액체도 분비한다. 물론 우리가 잘못 생각하는 것일 수도 있다. 수많은 정황에 비추어본다면 이런 실험은 의심스러울 뿐이다. 그러나 여성의 정액에 동물들이 있다고 해도 그것은 남성의 정액이 담당하는 것과 동일한 기능을 할 것이다. 또 여성의 정액에 그런 동물이 없다고 해도 남성과 여성이 분비하는 두 액체를 혼합하고 자극하는 데는 남성의 극미동물만으로 충분하다.

우리가 정자극미동물이 이러한 쓸모를 담당할 수도 있으리라 생각해본대도 여러분은 전혀 놀라지 않을 것이다. 자연이 자신의 작업을 수행할 때 주요 동인뿐 아니라 간혹 범용한 하인을 부리기도 한다. 에게해 섬들의 주민들은 각다귀 같은 것을 정성껏 키우는데, 그것이 무화과의 수정을 담당하기 때문이다.[59]

59. [원주] Voyez le voyage du Lev. de Tournefort.

[역주] "플리니우스는 지아Zia 지방에서 무화과를 세심한 주의를 기울여 경작한다는 점에 주목했다. 오늘날도 이러한 무화과 결실 촉진법이 여전히 사용되고 있다. 이러한 과정을 올바로 이해하기 위해서는 에게해 섬의 주민들 대부분이 두 종류의 무화과를 경작한다는 점에 주목해야 한다. 첫 번째 종은 오르노스Ornos라고 하는데, 그리스 말로 야생 무화과를 가리키는 에리노스Erinos에서 온 것이고, 라틴어로는 카프리피쿠스Caprificus라고 한다. 두 번째 종은 사람이 재배하는 무화과이다. 야생 무화과에는 세 가지 종류의 무화과가 열리는데 포르니테스, 크라티티레스, 오르니가 그것으로, 이것은 사람이 재배하는 무화과를 여물게 하는 데 꼭 필요하다. 포르니테스라 불리는 것은 8월에 나타나 11월까지 죽지 않고 살아남는다. 여기에서 작은 벌레가 생겨나는데, 이 벌레가 나중에 각다귀 같은 것으로 변해서 끊임없이 무화과나무의 주위를 돈다. 10~11월에 이 각다귀들은 그 무화과나무 밑동에 열린 두 번째 무화과를 침으로 찌른다. 이 두 번째 무화과를 크라티티레스라고 부르며, 이 열매는 9월 말에나 열린다. 포르니테스는 그 안에 들어 있던 각다귀들이 나간 다음에 떨어진다. 반대로 크라티티레스는 5월까지 나무에 남아서 포르니테스의 각다귀들이 침으로 찌른 뒤 낳아 놓았던 알을 계속 갖고 있다. 그리고 5월이 되면 세 번째 종류의 열매가 두 가지 다른 종류의 열매를 맺었던 야생 무화과의 밑동에서 발아하기 시작한다. 이 세 번째 종류의 열매는 훨씬 더 크고 이름을 오르니라고 한다. 오르니 열매가 어느 정도 굵어지고 봉우리가 벌어지기 시작하면, 한 열매에서 다른 열매로 옮겨가 알을 깠던 크라티티레스의 각다귀들이 이 부분을 다시 침으로 찌른다. [⋯] 이 세 가지 종류의 무화과 열매는 맛이 없어 못 먹는다. 이 열매들은 사람이 재배하는 무화과나무의 열매를 여물게 하는 데 쓰인다. [⋯] 6~7월 동안 농민들은 오르니의 각다귀들이 열매에서 나갈 준비가 되었을

때 오르니 열매를 취해 그 각다귀들을 지푸라기를 이용해서 그들이 재배하는 무화과에 흘려 넣는다"(Pitton de Tournefort, Relation d'un voyage du Levant, t. II, Lyon, Anisson et Posuel, 1717, pp. 23-24).

2부

인간 종의 다양성

1장

지구 여러 곳에 분포한 다양한 인종

　흑인을 본 적이 있던 최초의 백인이라도 그들을 숲속에서 마주쳤다면 인간의 이름으로 부르지 않았을지도 모른다. 그런데 다른 대부분의 민족들이 야만족의 상태에 놓여 있던 시대에 예술과 학문을 장려하여 꽃피운 현명한 여왕이 통치하고 있던[60] 대도시에서라면 흑인들은 백인들을 그들의 형제라고 생각하고 싶지 않았을 수도 있겠다.

　아프리카의 북회귀선에서 남회귀선에 이르는 곳에는 오직 흑인들만이 살아간다. 그들은 피부색으로 구분될 뿐 아니라, 얼굴의 특징을 통해서도 서로 구분된다. 코는 펑퍼짐하고

- -

60.　[원주] Diodor de Sicile. Liv. 3.

납작하며, 입술은 두껍고, 머리카락은 마치 양털과 같으니 가히 새로운 인간 종이라 부를 수도 있겠다.[61]

적도에서 남극 쪽으로 가면 흑인의 검은 피부 빛이 엷어지지만 추하기는 마찬가지다. 아프리카 남단에 이런 보기 흉한 민족이 산다.[62]

다시 동쪽으로 올라가 보면 얼굴 생김새가 한층 온화해 보이고 보다 균형 잡힌 민족들을 만나게 된다. 그래도 피부색은 여느 아프리카 민족의 피부색처럼 검다.

그들이 살고 있는 지역을 지나면 구릿빛 피부의 건장한 민족이 나타나는데 두 눈이 길고, 폭이 좁고, 비스듬히 놓였으니 다른 민족과 확연히 구분된다.

유럽과 아프리카, 아시아와 동떨어져 있는 저 광대한 지역으로 들어가 본다면 정말 한번도 보지 못한 종이 다양하게 펼쳐져 있음을 알게 된다. 백인은 전혀 없다. 불그스름하고 구릿빛 피부를 가진 민족들이 모여 사는데 미묘한 색조의 차이가 대단히 두드러진다. 이곳에서 곶[63]을 하나 지나, 흔히

· ·

61.　[원주] AEthiopes maculant orbem, tenebrisque figurant, Per fuscas homin
　　 um gentes. (Manil. Lib. IV. vers. 723.)
　　 [역주] "에티오피아 사람들은 지구를 검게 물들이는 암흑에 완전히
　　 물든 인간 종이다"(마닐리우스, 『천문학Astronomiques』, 4권, 723행).

62.　[원주] 호텐토트족.

들 거인족이 산다고 하는 여러 섬들[64]을 거쳐본다면 남극까지 갈 수 있다. 여러 여행자들의 언급을 믿어본다면 아메리카 대륙 말단에 우리보다 키가 두 배나 큰 종족이 산다고 한다.

우리가 살고 있는 대륙을 벗어나기에 앞서 지금 말한 거인 족들과 판이하게 다른 종족에 대해 말해 봐도 좋을 것이다. 유럽의 북쪽 끝에는 우리가 알고 있는 한 가장 키가 작은

• •

63. 문맥상 희망봉이 아니라 남아메리카 남단에 자리 잡은 곳을 가리키 는 것 같다. 혼곶cap Horne이거나 프로워드곶cap Frowrd을 말하는 것이 아닐까 한다. 프로워드곶은 칠레 남단에 위치해 있고 남태평양 에 면해 있다. 1868년에 출판된 쥘 베른의 『그랜트 선장의 아이들Les Enfants du capitaine Grant』을 읽어보면 "아메리카 대륙이 실제로 끝나 는 곳은 바로 프로워드곶이다. 혼곶은 그저 위도 56도에 위치한 바다에 외따로 떨어진 바위섬에 불과하기 때문이다"라는 설명이 있다.

64. 여기서는 남아메리카의 파타고니아 지방에 살았던 부족인 파타곤 족을 가리키는 것 같다. 이곳에 들어왔던 유럽 여행자들의 보고에 따르면 이 종족은 보통 사람보다 키가 두 배나 커서 3미터에 이르렀 다고 한다. 이러한 보고는 물론 과장이었지만 18세기 말까지 이 지역은 거인 종족이 사는 곳으로 알려졌다. 18세기 프랑스 여행가 부갱빌은 "이들은 키가 대단히 컸다. 우리가 봤던 사람들 중 키가 5피에 6푸스 아래였던 이가 없었지만, 5피에 9~10푸스가 넘는 사람 도 없었다(어림잡아 180cm~190cm 정도이다). [...] 그들이 내게 거인처럼 보인 것은 대단히 넓은 어깨, 아주 큰 머리, 육중한 사지四肢 때문이었다"(Louis- Antoine de Bougainville, *Voyage autour du monde*, Presses de l'Université Paris-Sorbonne, 2001, p. 156).

사람들이 살고 있다. 북쪽에 살고 있는 랩랜드 사람들과 남쪽
에 살고 있는 파타고니아 사람들은 인간 종족의 다른 극단을
보여주는 것 같다.

인도양과 아시아와 아메리카 사이에 놓인 광대한 바다 사이
에 위치한 여러 섬들에서 사는 사람들의 이야기까지 한다면
끝도 없을 것이다. 민족과 국가는 언어처럼 모습도 제각각이
다.[65]

이들 섬을 하나도 빼놓지 않고 두루 다녀본다면 몇몇 섬의
주민들은 흑인을 볼 때보다 훨씬 당황스러워 보일 수도 있을
것이다. 이들에게 인간이라는 이름을 붙여야 할까 말아야
할까 망설이게 된다. 몇몇 여행자들의 보고에 따르면 보르네
오숲에 사는 사람들은 한편으로는 사람과 너무 닮기는 했지만
원숭이 꼬리를 가졌다는 것을 본다면 사람이라고 보기도 어렵
다. 백인으로도 볼 수 없고 흑인으로도 볼 수 없게 만드는
특징은 척추뼈가 몇 개인가에 달린 것일까?

북해[66]와 태평양 사이에 난 파나마 해협에 우리가 아는

∙∙

65. [원주] Adde sonos totidem vocum, totidem insere linguas, Et mores
     pro sorte pares, ritusque locorum. (Manil. Lib. IV. vers. 731.)
     [역주] "이러한 다양성에, 음성에 실린 억양의 다양성이 더해진다.
     민족의 수만큼 다양한 언어가 있으며, 모든 민족은 서로 다른 풍속을
     가지며 특히 상이한 관습이 두드러진다"(마닐리우스, 『천문학Astron
     omiques』, 4권, 731행).

이상으로 피부가 흰 사람들이 있다고 한다.[67] 머리숱은 더없이

66. De Kerguelen-Trémarec, *Relation d'un voyage dans la mer du Nord aux côtes d'Islande, du Groenland, de Ferro, de Schettland; des orcades & de Norwége fait en 1767 & 1768*, Amsterdam, Arkster & Merkus, 1772에 따르면 북해지역은 그린란드와 노르웨이를 포함하는 유럽의 북쪽 바다를 가리킨다.

67. [원주] Voyage de Wafer, description de l'Istme de l'Amérique.
[역주] 라이오넬 웨이퍼[1640~1705]는 영국 정부의 위탁을 받아 오스트레일리아와 뉴브리튼 및 뉴기니 등을 탐험한 해적 항해자였던 윌리엄 댐피어[1652~1715]의 배를 타고 탐험에 동행한 의사였다. 그는 여행을 마치고 영국에 돌아와 1695년에 여행기를 출판했는데, 이 책은 1706년에 프랑스어로 번역되었다. "이 지협에는 대단히 기이한 종의 민족이 살아간다. 내가 지금 말하려고 하는 내용은 분명 대단히 기이해 보이겠지만 이 나라에 머물렀던 선주[船主]들이라면 이 점을 확인해 줄 수 있다. 그들은 백인 인디언이었다. 구릿빛 피부를 가진 인디언들과 비교해봤을 때 그들의 수는 굉장히 적다. 그들의 피부는 영국인들의 피부처럼 아름다운 흰색은 아니고, 오히려 우윳빛이 도는 흰색이라 할 것이다. 더욱 놀라운 점은 그들의 육체가 똑같은 흰색의 솜털로 덮여 있다는 점이다. 하지만 그들의 솜털은 대단히 얇아서 그 사이로 피부가 다 보인다. 그들이 수염을 길렀다면 그 수염도 흰색일 것이다. [⋯] 그들은 낮에는 눈이 잘 보이지 않는다. 그들의 눈은 대단히 약해서 빛을 견딜 수 없다 [⋯]"(Linonnel Waffer, *Les Voyages contenant une description très exacte de l'Istme de l'Amérique & de toute la nouvelle Espagne*, trad. De Montirat, Paris, Claude Cellier, 1706, pp. 135-137). 선천성 색소 결핍증을 갖고 태어난 아메리카 인디언들에 대한 논의로는 파스칼 장브렁, 베르나르 세르장, 『달의 아이들: 아메리카 인디언들의 색소 결핍증*Les enfants de la lune: l'albinisme chez les Amérindiens*』, 파리, Eds. INSERM, 1991을

흰 양모 같고, 두 눈은 너무 연약하여 한낮의 햇빛을 견디기 어려우므로 밤의 어둠 속에서나 간신히 눈을 뜬다. 새들 사이에서 박쥐와 부엉이의 생태처럼, 그들도 인간의 종과 생태가 다르다. 한낮의 태양이 사라질 때 자연에는 죽음과 침묵만이 남고, 노동에 시달리거나 쾌락에 지쳐 지상의 다른 모든 사람들이 잠에 빠져들 때 다리엔 사람들은 잠에서 깨어나 신을 찬양하고 견딜 수 없는 빛이 사라져버렸음을 기뻐하며 밤이 되어 모두 떠난 자연을 채운다. 그 종족은 우리네 목동이 즐거이 종달새 노랫소리를 듣는 것처럼 올빼미의 외침을 기쁘게 듣는다. 올빼미는 여명이 밝아오고 매의 시선도 닿지 않는 곳에서 아직 지상에 내리지 않는 빛을 구름 속으로 찾으러 가는 것 같다. 날갯짓을 하면서 박자를 맞춰가며 지저귀는 소리를 낸다. 대기 속으로 높이 날아 사라지고 나면, 소리는 여전히 들리더라도 더는 볼 수가 없다. 올빼미의 더는 전혀 분명하지 않은 소리를 듣노라면 애정과 몽상이 일어난다. 이 순간이 낮의 쾌락과 밤의 평온이 하나가 되는 때이다. 태양이 떠올라 지상에 움직임과 생명을 가져오고 시간의 흐름이 뚜렷이 느껴지고 인간의 여러 노동을 마련한다. 하지만

참조. 허먼 멜빌의 『모비딕』에 라이오넬 웨이퍼의 언급이 나온다 (김석희 역, 작가정신, 2011, 270쪽).

다리엔 사람들은 이 순간을 기다렸던 것이 아니니 벌써 다들 집으로 돌아가 버렸다. 고깃국으로 배를 채운 뒤 선과 점을 가지고 정신을 피로하게 만드는 몇몇 사람들[68]이나 아직 책상에 남아 있으리라. 하지만 단 한 명의 이성적인 사람이 깨어 있다면 정오에 만날 약속을 하고 기다리는 사람이다. 감시가 심한 어머니를 따돌리고 수줍은 연인의 방에 몰래 들어가는 때가 바로 이 시간이며, 더없이 세찬 빛을 이용해야 하는 시간이다.

지구에 사는 모든 주민들의 피부색에 대한 가장 주목할 만한 현상과 가장 변함없는 법칙이 있다면, 지구의 동쪽에서 서쪽에 이르는 넓은 띠를 두른 열대지방이라고 부르는 지역에는 오직 흑인이나 완전히 구릿빛을 띤 피부를 가진 사람들만 살아간다는 점이다. 이 지역에 바다가 끼어들기도 하지만 아프리카, 아시아, 아메리카를 거쳐 이 지역을 따라가 보자. 섬에 가보든, 대륙에 가보든 흑인밖에 없다. 여기서 조금 전에 언급한 밤의 종족과 간혹 백인이 태어날 때도 있으나, 그것을 예외로 쳐두지 않아도 좋다.

적도에서 멀어지면 민족의 피부색은 미세한 차이를 띠면서 차츰 밝아진다. 회귀선 위로 올라가면 피부색은 짙은 갈색을

..
68.   기하학자를 말한다.

띠고, 온대지방까지 올라가면 피부색은 완전히 흰색을 띤다. 가장 피부색이 흰 민족들은 온대지방이 끝나는 곳에 산다. 여행자들은 금발머리 덴마크 여자를 보면 피부색이 눈이 부실 정도로 희기 때문에 놀라곤 한다. 여행자가 조금 전에 보고 왔던 아프리카 흑인 여자와 지금 보고 있는 금발의 덴마크 여자를 모두 여자로 볼 수 있을지 판단이 어려울 정도이다.

북쪽을 향해 더 올라가 한대寒帶지방까지 올라가 보면 이곳 은 태양이 겨울 동안 빛을 비추지 못해 대지는 보습의 날보다 더 단단하여 다른 고장의 농작물이 무엇 하나 자라지 못한다. 이 가혹한 환경에 백합과 장미의 색조가 빛난다. 풍요로운 남쪽 나라들이여, 페루와 볼리비아에 있는 포토시의 대지여, 너희들의 광산에서 금을 만들라. 하지만 나는 결코 그곳으로 금을 캐러 갈 일이 없을 것이다. 인도에 있는 골콘다여, 값진 수액을 흘려 다이아몬드와 루비를 만들라. 그것으로는 당신의 아내를 아름답게 장식하지 못할 것이며, 우리네 여인들에게도 쓸모가 없다. 그 보석들은 어리석은 군주[69]가 매년 체중을 재고 제 가치를 뽐내기 위해서나 쓰일 뿐이다. 그는 저 우스꽝

· ·

69. [원주] 인도의 무갈 대왕은 매년 체중을 재는데, 다이아몬드와 루비 를 저울추로 삼아 저울에 올렸다. 최근에 페르시아의 타마스 쿨리 칸이 그를 왕위에서 쫓아내어 그는 페르시아 왕들의 봉신封臣 신세 가 되었다.

스러운 저울에 올라가 있는 동안 자기 나라도 잃고 자유도 잃었다.[70]

그런데 모두 백인만 살고, 모두 흑인만 사는 이들 극한의 지방은 지나치게 일률적인 것이 아닌가? 이 둘이 섞일 때 새로운 아름다움이 생기지 않을까? 이러한 멋진 다양성을 찾아볼 수 있는 곳이 파리를 흐르는 센 강변이다. 어느 화창한 여름날 루브르궁의 정원에 있다면 전 지구가 만들 수 있는 경이란 경이를 모두 볼 수 있으리라.

검은 눈의 갈색머리 여인은 활활 타오르는 불로 남국의 아름다움이 빛난다. 푸른 눈은 여인의 용모를 유순하게 만들어준다. 그 푸른 눈은 어디에서든지 매혹적인 금발과 어울린다. 밤색머리는 프랑스의 빛인 것 같다. 프랑스 여자는 태양이 작열하는 나라의 발랄함도, 태양의 빛이 약한 나라의 우수도 갖지 않았으나, 남자들이 좋아하는 모든 것을 갖추었다. 프랑스 여인 치고 화려하지 않은 이 없다! 순백색과 황금색, 푸른색으로 이루어진 듯하다. 프랑스 여인의 머리색이 좀 과하다 싶어도 나는 그런 자연의 실수도 마음에 든다. 자연은 프랑스 여인에게 마땅히 흰 피부색을 새로이 더해줌으로써 머리색을

70. Jean-Baptiste Tavernier, *Les Six Voyages de Jean Baptiste Tavernier, Ecuyer Baron d'Aubonne*, t. II, ch. VIII, p. 266.

보상해 주고자 했다. 다소 흠이 아닐까 마음 쓰는 아름다운 여인들이여, 분첩을 꺼내들지 말고 여러분의 장밋빛 피부색을 그대로 드러내 보이라. 피부색에서 머리색까지 생기를 갖도록 두라… 나는 이러한 아름다운 여인들 가운데에서 초록색 눈을 가진 여인들도 본 적이 있다. 멀리서도 알아볼 수 있는 색이었 다. 남국의 눈빛과도, 북국의 눈빛과도 다른 빛이었다.

저 아름다운 정원에서 아름다운 여인들은 꽃들보다 더 많지 만 누군가의 두 눈이 다른 모든 여인의 눈을 압도하는 법은 없다. 저 꽃들을 꺾으라. 그러나 그것으로 꽃다발을 만들지는 말라. 애인들이여, 이 꽃 저 꽃 날아다녀 보라. 그 꽃들 모두 두루 다녀 보라. 그러나 여러분의 마음을 가득 채우는 쾌락을 맛보려거든 늘 같은 꽃으로 돌아오라.

2장

난 이론과 벌레 이론에서는 다양한 피부색을 갖는 현상을 어떻게 설명하는가

방금 살펴보았던 이 모든 민족들이며, 그토록 다양한 사람들이 한 어머니에서 나왔던 것일까? 의심할 여지가 전혀 없다.

검토해야 할 점은 어떻게 한 사람으로부터 그토록 다양한 종이 태어날 수 있었는가 하는 점이다. 나는 이 문제에 대해 몇 가지 가설을 세워볼까 한다.

애초에 인간이 난 속에 또 난이 들어 있는 방식으로 모두 형성을 끝낸 채 존재했다면 최초의 어머니는 다양한 피부색의 난을 가졌고, 여기에 동일한 종의 무수히 많은 난이 연속적으로 포함되었는데, 어느 정도의 세대가 지나면 발육이 이루어지도록 정해진 순서에 따라 부화되었던 것일 뿐이다. 이 난들에는 모든 민족이 들어 있었는데 신의 섭리에 의해 그렇게 부화되는 시간 순서에 따라 각각의 민족이 나타났다. 그렇게 된다면 언젠가 우리가 살고 있는 지역의 백인 피부색을 가진 난들이 부족해져 유럽의 모든 국가에서 피부색이 바뀌는 일도 불가능하지만은 않을 것이다. 흑인의 피부색을 가진 난들이 바닥이 나서 아프리카의 에티오피아에 백인밖에 남지 않았던 것이 이와 같다. 이런 것과 마찬가지로 땅속 깊이 들어가 보면 흰 대리석의 광맥이 끝날 때 여러 색깔의 돌이 서로 이어지는 층밖에 볼 수 없다. 바로 이러한 방식으로 새로운 인간 종족이 지상에 나타나고 과거의 종족이 사라질 수 있다.

벌레의 이론을 받아들여서, 모든 사람들은 애초에 최초의 인간의 정액 속에서 헤엄쳤던 저 동물 안에 이미 들어 있던 것이라면 바로 앞에서 난에 대해 말했던 것을 벌레에 대해서도 말할 수 있을 것이다. 흑인의 아버지 벌레에는 벌레 속에 또 벌레가 들어 있는 방식으로 에티오피아 사람들 전체가 들어 있었고, 중부 아메리카에 거주하는 다리엔 사람의 벌레, 아프리카 남부에 거주하는 호텐토트 사람의 벌레, 파타고니아 사람의 벌레가 그들로부터 비롯될 후손과 함께 이미 완전히 형성을 끝낸 채, 어느 날 각자 지금 살고 있는 땅에 모여들었을 것이다.

3장

새로운 종의 탄생

난과 벌레의 이론은 너무 단순해서 흑인과 백인의 기원을 설명하기에 부족해 보인다. 이들 이론으로 어떻게 동일한 개체에서 다양한 종이 나올 수 있는지 설명할 수는 있을 테지만, 우리는 반박이 가능한 여러 난점들을 살펴본 바 있다.

인간 종의 다양성은 백인이나 흑인이 있다는 것으로 귀결하지 않는다. 다른 종이 수천 가지이며, 우리를 깜짝 놀라게 하는 종이나 우리로서는 차이가 있음을 알아차리기도 어려운 종 모두를 자연은 어렵지 않게 만들어낼 수 있을지 모른다. 몇 가지 결정적인 경험을 들어 이 점이 확증된다고 해도, 선조들은 검은색 눈이었는데 파란 눈을 가진 아이가 태어나는 것이나, 흑인 부모 사이에서 피부색이 흰 아이가 태어나는 일이 굉장히 드문 일이라고 생각했을 것이다.

아이들은 통상 부모를 닮는다. 아이들이 다양한 모습을 가지고 태어나는 것은 부모를 닮는 결과이기 쉽다. 거슬러 올라가 본다면 잘 모르는 어떤 선조가 있어서 이런 다양성이 나타나기도 하는 것 같다. 그러한 다양성을 갖는 개인들이 여러 세대를 거듭함으로써 다양성은 항구히 유지되고, 다양성을 갖지 못한 개인들은 여러 세대를 거듭함으로써 다양성이 지워지게 된다. 하지만 이보다 더욱 놀랄 만한 점은 다양성이 중단된 뒤에 그것이 다시 나타나게 된다는 점이며, 아버지도 어머니도 닮지 않은 아이가 과거 선조가 가졌던 특징을 갖고 태어난다는 점이다. 이런 사실들은 대단히 경이롭기는 하나, 정말 그런 일이 있을까 의심하기에는 꽤나 빈번히 나타나곤 한다.

자연에 이 모든 다양성의 근원이 있다. 그러나 우연이나 기술적 조작으로 다양성이 나타나는 경우도 있다. 그래서 새로운 발명을 통해 호기심 많은 사람들의 취향을 만족시키는 사람들은 말하자면 새로운 종의 창조주가 되기도 한다. 이전에 자연에 존재하지 않았던 새로운 개, 비둘기, 카나리아의 종이 나타난다. 처음에 이런 동물들은 우연히 나타난 개체에 불과했다. 기술적 조작이 이루어지고 여러 세대를 거듭하여 이런 종이 만들어졌다. 저 유명한 리오네는 매년 새로운 종의 동물을 만들어내고 유행이 지나버린 종은 없애버린다. 모양을 개선하고 색깔을 다양하게 만든다. 얼룩점이 박힌 아를르캥 개, 퍼그 종의 개가 그의 작품이다.

이러한 기술적 조작이 왜 동물에 국한될 것인가? 알려진 온갖 종족의 여인들을 가두어 둔 하렘에도 싫증이 난 술탄이 인간의 새로운 종을 만들어내게 하지는 않을까? 내가 그들처럼 모양이나 생김새가 주는 쾌락만을 쫓는 사람이었다면 이내 그렇게 다양한 모습을 추구할 수도 있었으리라. 그러나 술탄에게 아무리 아름다운 여자들을 만들어준대도 그들은 극히 제한된 사랑의 쾌락만을 맛볼 수 있을 뿐이며, 정신과 마음으로 맛볼 수 있는 쾌락은 영원히 맛보지 못할 것이다.

우리들 가운데 아름다운 새로운 종이 만들어지지는 못하더라도 자주 여러 존재들이 태어나는 것은 볼 수 있는데 자연학자는 이를 동일한 종으로 간주한다. 사시斜視를 가진 종족, 절름발이의 종족, 통풍을 가진 종족, 폐결핵을 앓는 종족이 그러한데, 불행히도 그들의 사회는 오래도록 세대를 거듭할 수 없음이 틀림없다. 그런데 자연은 참으로 현명하기 때문에 그 종족들이 대대로 이어지기를 원치 않아서, 그들의 결함을 보면 혐오감을 느끼게끔 해놓았다. 아름다움이 유전이 되는 것은 정말 확실하다. 감탄을 자아내는 몸매와 다리는 그런 모습을 얻기 위해 여러 세대를 거친 작품이다.

북국의 한 국왕은 자기가 통치하는 국민의 키를 크게 하고 용모를 아름답게 만들기에 이르렀다. 큰 키에 수려한 용모를 지닌 남자들을 너무 좋아했던 나머지, 자신의 왕국에서 그런 남자들을 죄다 끌어왔다. 자연이 큰 키를 갖게 만들어 놓은 사람들에게 재산을 주어 행복하게 해주었다. 오늘날 왕들이 자신의 권력을 어떻게 사용했는지에 대한 기이한 사례가 이것이다. 이 나라 남자들은 돋보이는 키며 준수한 용모를 가진 것으로 이름이 높다. 이런 것처럼, 주인이 주의 깊은 눈으로 나무를 제대로 선별하여 곧게 뻗은 나무를 가꾸고자 한다면 그 나라의 경계를 이루는 숲은 한층 높아지게 된다. 더없이 푸르른 나뭇잎 무성한 떡갈나무와 느릅나무가 하늘 높이까지 가지를 뻗으니, 독수리나 되어야 그 꼭대기에 닿는다. 그 왕의 뒤를 이어 왕위에 오른 아들은 현재 종려 잎, 도금양 잎, 꽃으로 어울린 아름다운 숲을 만들고 있다.

중국 사람들은 제대로 몸을 지탱할 수도 없을 정도로 작은 발을 가진 것이 여자들의 큰 아름다움 중 하나라고 생각했다. 중국 사람들은 선조들의 생각과 의견을 대단히 충실하게 따르는 민족이라 결국 여자들의 발을 전부 우스꽝스럽게 만들어 놓았다. 나는 중국 여자들이 신는 버선을 한번 본 적이 있는데 프랑스 여자들이라면 발가락 하나나 들어갈까 말까 할 정도로 작았다. 그리스 수학자 에우독소스의 의견을 따라 역시 그리스의 자연사가였던 플리니우스는 여자들의 발이 너무 작아 이를 타조발이라는 이름으로 불렀던 인도에 있던 한 나라를 언급했다.[71] 그는 이 나라 남자들의 발이 오십 센티미터에 이르렀다는 말도 했는데 이는 사실이다. 하지만 여자들의 발이 작다는 말은 반대로 남자들의 발이 컸다는 점을 과장하기 위한 것이라고 생각할 수 있다. 인도에 있다던 이 나라는 사실 당시 전혀 알려지지 않았던 중국의 한 나라가 아니었을 까? 더욱이 자연이 중국 여자들의 발을 일부러 작게 만들어 놓았다고 생각해서도 안 된다. 중국 사람들은 여자가 어렸을 때부터 발이 자라지 못하도록 단단히 묶어 놓는다. 그렇지만 중국 여자들이 다른 나라 여자들보다 발이 작다는 것은 충분히 개연성이 있는 일이다. 이곳을 여행하는 사람들은 이 점에 주의를 기울이고, 주목해볼 가치가 있다.

비운의 아름다움이여, 쾌락의 욕망이여, 너희들은 세상을 얼마나 혼란스럽게 만든 것이냐! 우리의 마음을 고통스럽게

• •

71. [원주] C. Plin. Natur. Hist. Lib. 7. Cap. 2.
[역주] 플리니우스는 이를 '참새 발Struthopodes'이라고 부른다고 했는데, 모페르튀는 여기서 참새와 타조를 혼동하고 있다. "에우독소스는 인도의 남부지방에 사는 남자들은 발 길이가 오십 센티미터에 이르지만 여자들의 발은 너무 작아서 참새 발이라고 부른다고 주장했다"(플리니우스, 『자연사Histoire naturelle』, trad. Emile Littré, t. I, Paris, J.J. Du Bochet, 1848, p. 283).

하는 데 그치지 않고 온 자연의 질서를 바꾸고 있구나. 젊은 프랑스 여인은 중국 여인을 비웃지만, 그렇게 나무라는 까닭은 중국 여인이 작은 발을 가지려고 우아한 거동을 포기할 때 자기가 더 아름다워지리라고 믿기 때문이다. 프랑스 여인도 마음속으로는 고문과 고통에 시달린다 해도 매력을 얻기만 한다면 그것이 너무도 비싼 값을 치르는 일은 아니라고 생각한다. 아이 때부터 고래 뼈로 된 치마 틀에 가두거나 철 십자가를 둘러 몸을 조이는데, 이것이 중국 여인의 발을 죄는 끈보다 불편하기로는 더하다. 밤이면 머리카락을 편히 흘러내리게 하는 대신 머리카락을 마는 종이로 머리를 비죽 세워 단단한 종이 끝에 간신히 기대고 있다. 그러면서 평온하게 잠들고 매력 있게 잠을 잔다.

4장

피부색이 흰 흑인

나는 설명하려고 했던 현상을 이 자리에서 잊어버리고만 싶다. 차라리 여러분께 들려주어야 하는 작은 괴물 이야기보다는 붓꽃의 꽃봉오리가 열리는 것을 다루고 싶은 것이다.

네댓 살 된 아이인데 얼굴은 완전히 흑인의 용모다. 피부색은 너무 희고 희끄무레하기도 하니 더 추해 보이기만 한다.[72] 머리는 흰 양모로 덮여 있는데 그 위에 붉은색이 감돈다. 밝은 푸른색 두 눈은 한낮의 빛을 견디지 못하는 것 같다. 크고 못생긴 손은 사람 손이라기보다는 동물의 발을 닮았다. 의심의 여지없이 그는 피부색이 매우 검은 아프리카인을 부모

72. [원주] 이 아이를 1744년 파리에 데려왔다.

로 두었다.

파리과학아카데미는 아프리카 혈통의 수리남 출신인 비슷한 괴물을 언급한다.[73] 어머니는 흑인이었고 아버지도 흑인이었음이 확실한데, 아카데미의 역사가는 아버지가 흑인이었음을 의심하거나, 오히려 피부색이 흰 흑인이라고 확신했던 것 같다. 그러나 나는 반드시 그럴 것이라고는 생각하지 않는다. 아이의 선조 가운데 피부색이 흰 흑인이 있었거나 그 아이가 최초로 피부색이 흰 흑인의 종족이 된 것으로 충분하다.

V*** 백작부인[74]은 자연의 진기한 수집품을 갖춘 연구실을 갖고 있는데 그녀는 대단히 깊은 정신을 가진 분이다. 부인에게는 이런 종류의 흑인을 그린 초상화가 한 점 있다. 초상화에 그려진 흑인은 현재 에스파냐에 있으며 M*** 씨는 내게 자신

• •

73. [원주] Hist. de l'Acad. Royal. de Sc. 1734.

74. 이 부인은 베르티약 백작부인la comtesse de Verteillac, 1691~1751이다. 결혼 전의 이름은 마리 마들렌 앙젤리크 드 라 브루스Marie-Madeleine-Angélique de la Brousse로 베르티약 공작과 결혼했다. 1751년에 사망한 후 이듬해 1월 『메르퀴르 드 프랑스』에 그녀의 추도사가 실렸는데, "끝없는 호기심, 명확한 정신, 비교할 수 없는 심오함을 갖고 태어난 그녀는 정신을 함양하기 위해서는 모든 학문과 예술을 알아야 한다고 믿었기 때문에 그녀의 지식 중에 확실하지 않은 생각에서 나온 것이란 없었다"(*Mercure de France*, jan. 1752, Paris, Pissot, p. 96).

이 그를 본 적이 있는데 지금 파리에 와 있는 그 흑인보다 나이가 훨씬 많기는 하지만 피부 빛이며, 눈의 색깔이며, 용모가 그와 똑같다고 한다.

세네갈에 가면 이런 종족의 가계가 많으며, 흑인 가계에서 피부색이 흰 흑인이 태어나는 사례가 없는 일도 아니고 굉장히 드문 일이 아니라는 말을 들었다.

아메리카와 아프리카 말고도 세상에는 이런 괴물을 찾아볼 수 있는 곳이 있다. 재능이 많고 동인도에서 요직을 맡고 있는 뛰어난 인물 뒤 마스 씨는 특히 진리를 사랑하는 사람이라는 점에서 존경을 받을 만한 인물이다. 그는 흑인들 가운데에서 흰 피부색이 아버지에서 아들로 전해지는 백인을 본 적이 있다. 그는 이 점에 대해서 내가 가진 호기심을 충족시켜주고 싶어 했다. 그는 흰 피부색을 일종의 피부병이라고 생각한다.[75] 그의 생각에 따르면 우연히 일어나는 일이기는 하지만 세대를 거듭하고 여러 세대를 거치는 동안 계속 남아 있게 된다.

나는 매우 식견을 갖춘 사람의 생각을 알게 되어 기뻤는데 그의 생각은 내가 이런 종류의 괴물에 대해 가졌던 생각과

· ·

75.   더 자세히는 망상網狀조직에서 발생하는 병이라고 하겠다. 이 조직은 피부의 일부를 이루는데 그 색깔 때문에 흑인들이 검은 피부색을 가진다.

일치했다. 흑인의 흰 피부색을 질병으로 보거나 그렇게 우연히 일어나는 일로 본다면 그것은 그저 세대를 거듭하면서 뚜렷해지거나 희미해지는 유전적 다양성일 뿐이다.

피부색의 변화는 사람들보다는 동물들에서 더 자주 나타난다. 까마귀나 티티새는 흑인들이 그렇듯이 검은 피부색을 타고났다. 그러나 나는 여러 번 흰 까마귀나 흰 티티새를 본 적이 있다. 또 이들을 키워보았다면 이런 다양성이 정말 여러 종을 만들기도 할 것이다. 통상 흰 피부색은 흰색 깃털과 관계가 있어서 이런 새들의 암컷을 다른 것보다 선호하게 된다. 그 결과 세대를 거치면서 흰 피부색을 가진 새끼만이 부화되었다.

더욱이 우리가 볼 때는 흰 피부색과 검은 피부색의 차이가 굉장히 두드러져 보이지만, 자연은 전혀 그런 점에 개의치 않는 것 같다. 새까만 말의 피부 빛이 조금만 변해도 중간 단계의 색깔을 전혀 거치는 일이 없이 흰 털이 자라나게 된다.

여기서 내가 하는 말을 확신해 볼 목적으로 식물 세계는 어떤지 살펴보러 갈 필요가 있다면 식물을 재배하는 이들은 여러분에게 우리 정원에 있는 여러 빛깔로 장식이 된 식물 종이며 관목 종은 유전적인 다양성에 기인하는 것으로, 주의를 소홀히 하면 사라져버릴 것이라고 말할 것이다.[76]

vis humana quot annis Maxima quaeque manu legeret. (Virg. Georg.
Lib. 2.)

[역주] "아무리 막아보려 해도 가장 좋은 종자도 결국 퇴화에 이른다.
사람이 신중에 신중을 기해 매년 가장 좋은 종자를 골라내지 않는
한"(베르길리우스, 『농경시』, 2권).

5장

전술한 현상을 설명해보기 위한 시도

이제 우연히 다양성이 만들어지고 이 다양성이 세대에 세대를 거쳐 이어져, 결국 종이 만들어지거나 사라지게 된다는 이 모든 현상을 설명하도록 해보자. 내가 보기에는 지금 제시한 문제들을 전제해야 할 것 같다. 내가 하고자 하는 말에 여러분이 격노할지 모르지만 그 말을 그저 여러분을 만족시키기 위해 내가 열심히 노력했다는 점만 받아들여 주시면 고맙겠다. 대단히 까다로운 현상들을 여러분에게 완벽하게 설명할 수 있다고는 생각하지 않는다. 이 현상들을 그것과 관련된 다른 현상들과 연관 지을 수 있기만 해도 나로서는 굉장한 일이 될 것이다.

그러므로 아래와 같은 것을 경험상 반드시 받아들여야 할 사실로 간주해야 한다.

1. 모든 동물 종 하나하나에는 정액에 셀 수 없이 많은 부분들이 들어 있고, 이들이 서로 결합함으로써 동일한 종의 동물이 형성된다.

2. 각 개체의 정액에는 그 개체와 닮은 특징을 형성하도록 된 부분들이 있는데 이들은 보통 수가 굉장히 많고 가장 친화력이 크다. 그러나 이 속에는 다른 특징을 형성하는 부분들도 많이 들어 있다.

3. 동물 하나하나의 정액에 그 동물과 닮은 부분들을 형성하게 될 물질에 대해 보자면, 이 동물의 부분 부분마다 각자 그 동물의 종자를 제공한다고 생각하는 일은 대단히 과감한 가설일 테지만 전혀 개연성이 없는 것은 아닐 것이다. 어떤 동물들의 신체의 일부를 세대에 세대를 거쳐 오랫동안 훼손해 왔다면 경험상 이 점이 증명될 수 있을지 모른다. 잘려진 부분들이 조금씩 감소되어 결국에는 사라지게 되는 것을 볼 수 있을지 모른다.

앞에 제시한 가설은 틀림없어 보이며 일단 이 가설이 받아들여진다면 우리가 앞에서 보았던 모든 현상들이 설명 가능해질 것으로 보인다.

아버지와 어머니가 갖는 부분들과 유사한 부분들은 숫자가 가장 많고 가장 큰 친화력을 갖고 있으니 통상 이 부분들이 결합하고, 이 부분들이 부모가 되는 동물을 닮은 동물을 만든다.

우연한 작용이 개입하거나 가계의 특징이 결핍된 경우 간혹 다른 방식의 결합이 이루어져 흑인 부모에게서 피부색이 흰 아이가 태어나거나, 백인 부모에게서 피부색이 검은 아이가 태어나는 경우가 있는데 뒤의 경우가 앞의 경우보다 훨씬 드문 일이기는 하다.

여기서 나는 같은 종에 속한 아버지와 어머니에게서 태어난 아이가 부모가 전혀 갖지 않은 특징을 가질 수도 있다는 기이한 출생만을 언급하고 있다. 이종異種이 섞이자마자 경험상 아이는 부모 양쪽의 특징을 모두 타고난다는 점을 알기 때문이다.

부모가 가진 것과 유사성을 가지지 않은 부분들이 이렇게 기이한 방식으로 결합될 때 무모하게도 자연에서 일어나는 모든 경이를 설명하고자 사람은 그를 진정으로 괴물로 볼 것이겠지만 그 자연의 광경을 감탄하는 것으로 그치는 현명한 사람은 그를 아름답게 볼 것이다.

애초에 이러한 출생은 그저 우발적인 것에 불과하다. 선조들이 가졌던 최초의 부분들도 역시 여전히 정액에서 발견된다. 몇 세대가 지나거나 다음 세대부터 최초의 종이 회복될 것이고 아이는 아버지와 어머니를 닮는 대신 더 먼 선조를 닮게 된다.[77] 계속 세대를 거듭하는 종족이 종種이 되려면 이 세대가 반드시 여러 차례 거듭되어야 하고, 최초의 특징을 나타내는 데 적합한 부분들은 세대가 지나면서 차츰 수가 적어져 사라져버리거나 아주 적은 수만 남게 되어 다시 최초의 종이 되려면 새로운 우연이 필요할 것이다.

더욱이 지금은 내가 이 모든 다양성의 근원이 정액 자체에 있다고 가정하고 있지만 나는 환경과 양식糧食의 영향도 배제하지 않는다. 열대지방의 더위는 피부색을 희게 만드는 부분보다 검게 만드는 부분들을 유발하는 데 더욱 적합한 것 같다. 한편 나는 환경과 양식의 영향이 오랜 시간이 흐른 뒤 어디까지 이어질 수 있을지는 모르겠다.

인위적으로 생긴 어떤 특이한 동물들이 여러 세대를 거치면서 그로부터 태어나게 될 동물로 이어지는지, 여러 세대 동안 꼬리나 귀를 잘라내면 그 부분이 점차 감소되어 결국 사라지게 되는지 확인하는 일은 분명 철학자의 주의가 필요한 영역이다.

확실한 것은 새로운 동물 종의 특징을 이룰 수 있는 모든 다양성들은 사라지는 경향이 있다는 점이다. 자연이 오직

· ·

77. [원주] 이런 일은 항상 모든 가계에서 일어난다. 아버지도 어머니도 닮지 않은 아이는 그 선조를 닮을 것이다.

기술적 조작이나 식사 조절로 지속되는 경우는 자연이 정상을 벗어난 경우에 한한다. 자연의 산물은 항상 상실한 것을 회복하기 마련이다.

6장

흑인 부모에게서 피부색이 흰 아이가 태어나는 일보다 백인 부모에게서 피부색이 검은 아이가 태어나는 일이 훨씬 드물며, 인류가 비롯된 최초의 부모는 백인이었다는 점. 흑인의 기원에 제기된 난점

　흑인들의 민족 중에 돌연 피부색이 흰 아이가 태어나는 점에서 흰 피부색이 최초의 인간이 가진 색이며, 검은 피부색은 한 가지 다양성에 불과하여, 오랜 시대가 흐르는 동안 유전되었지만 여전히 다시 나타나려는 경향을 가진 흰 피부색을 완전히 지우지 못했다는 결론을 내릴 수 있을 것 같다. 이와 반대되는 현상이 일어나는 것을 본 일이 전혀 없기 때문이다. 백인 조상에게서 피부색이 검은 아이가 태어난 것을 본 적은 전혀 없었다.

　나는 그 경이로운 일이 프랑스에서 일어났다는 주장이 있었음을 알고 있다. 그러나 증거가 충분치 않았기 때문에 그 점을 이성적으로 믿을 수는 없다. 사람들은 하나같이 놀라운 일을 좋아하므로 경이로운 일이 확실히 인정받지 못하면 그 사실을 의심부터 한다. 한 아이가 다소 기형을 갖고 태어나면 그 아이를 받은 산파들은 곧 아이를 끔찍한 괴물로 만들어버린다. 아이의 피부가 보통보다 더 구릿빛이면 흑인이 태어났단다. 하지만 흑인 아이가 태어나는 것을 직접 보았던 모든 사람들이라면 그 아이들이 검은 피부색을 갖고 태어나지 않았음을 알고, 그 아이들이 처음 태어났을 때 다른 아이들과 구분하기 어려울 수 있었음을 안다. 그러므로 백인 가계에서 피부색이 검은 아이가 태어났어도, 아이의 피부색이 정말 검었는지 오랫동안 불확실한 상태였을 것이다. 그 아이가 명망이 높은 부모에게서 태어났다면 아이를 어떻게 숨길 생각을 할 거며, 적어도 처음 몇 달간 어떻게 사람들의 입방아에 오르지 못하게 할 거며, 그 다음엔 또 어떻게 아이가 자란 모습을 감추겠는가. 그런데 민중 가운데에서 아이가 일단 검은 피부색을 갖고 태어나게 되면 부모는 아이를 감출 수도 없겠지만 감추려고도 하지 않을 것이다. 사람들이 호기심을 갖고 달려드니 부모로서는 이 기이한 경이를 갖고 태어난 아이가 쓸모가 있다고 생각하게 된다. 대부분의 민중은 아이가 흰 피부색을 갖고 태어나는 것만큼 검은 피부색을 갖고 태어나는 것도 좋아할 것이다.

그런데 이러한 경이가 간혹 일어난다면 명망 있는 부모들보다는 민중의 부모들에게서 태어날 확률이 훨씬 크다. 상류계급에 속한 부모에게서 피부색이 검은 아이가 태어나는 경우와 수많은 민중의 부모에게서 피부색이 검은 아이가 태어나는 비율을 따져보면 일 대 천이 될 것이다. 이러한 사실을 어떻게 무시할 수 있으며, 어떻게 의심할 수 있을까?

흑인 민족들 가운데 피부색이 흰 아이들이 태어나고, 이 현상이 아프리카와 아메리카의 소수민족에서도 굉장히 드문 일이 아니라면, 유럽의 수없이 많은 민족에서 피부색이 검은 아이들이 그보다 자주 태어나지 않는 것인가? 자연은 이러한 우연들이 어느 쪽에서나 쉽게 이루어지게 했던 것이 아니란 말인가? 또 아주 멀리 떨어진 나라에서 일어나는 이러한 현상을 우리가 알고 있는 이상, 우리들 가운데에서 같은 현상이 일어날 때 어떻게 그것을 모를 수가 있을 것인가?

그러므로 내가 보기에 백인 부모에게 피부색이 검은 아이가 태어나는 것은 흑인 부모에게서 피부색이 흰 아이가 태어나는 일보다 비교할 수 없을 정도로 드문 경우이다.

이로써 최초의 인간의 피부색은 흰색이었으며, 어떤 우발적인 일이 일어나 검은 피부색이 열대지방에 살아가는 대가족들에 유전이 되었다는 점을 충분히 생각해볼 수 있을 것이다. 그런데도 그 대가족들 가운데 최초의 피부색이 완전히 사라지지 않아서 간혹 나타나곤 한다.

어떤 사람들은 지구상의 모든 민족들이 한 명의 아버지와 한 명의 어머니의 후손이라는 점을 가르쳐주는 창세기의 이야기에 반대하여 흑인의 기원의 문제를 내세우고자 했는데, 이로써 그토록 논의된 이 문제가, 지금까지 생식 과정을 설명하기 위해 생각했던 모든 이론만큼 개연성이 있는 이론을 받아들이면서 해결되었다.

7장

흑인은 왜 열대지방에서 살아가고, 난쟁이와 거인은 왜 극지방에서 살아가는지에 대한 가설

우리들 가운데서도 정액을 구성하는 부분들 사이에 우연히 일어나는 결합이나 그 부분들 사이에 친화력이 지나치게 강하거나 지나치게 약하기 때문에 일어나는 결과들 때문에 다른 괴물들이 태어나는 일이 여전히 존재한다. 과도하게 크거나 극단적으로 작은 사람들도 일종의 괴물이다. 그들의 수를 늘리고자 했다면 민족을 이룰 수도 있을 것이다.

마젤란 대륙과 지구 북쪽 극지방을 둘러본 여행자들의 보고가 사실이라면 거인과 난쟁이 종족이 그곳에 정착했던 것은 그들에게 환경이 맞아서였거나, 그 종족들이 나타나기 시작했던 시대에 이들 거인들을 두려워했거나 이들 피그미들을 무시했을 수도 있는 다른 사람들이 원래 지역에서 그 종족들을 추방했던 까닭일 것이다.

거인, 난쟁이, 흑인이 다른 사람들 가운데서 태어난다면 오만이나 두려움 때문에 인류의 대부분은 그들에 맞서 무장하게 될 것이다. 가장 수가 많은 종은 이들 기형의 종족들을 가장 살기 어려운 기후의 땅으로 쫓아 보낼 것이다. 그러한 이유로 난쟁이들은 극지방 쪽으로 물러나고, 거인들은 마젤란 대륙에 살고, 흑인들은 열대지방에 모여 살게 된다.

마지막 장

이 책의 결론: 의심과 문제들

나는 동물이 어떻게 형성되는지 설명할 목적으로 이론을 개괄적으로 제안했지만 모든 사람이 그 이론에 만족하리라고 는 기대하지 않는다. 내 스스로도 만족스럽지 않기에 그 이론 이 받을 수 있을 정도의 동의만 구할 뿐이다. 나는 계속 의혹과 가설만 제시했다. 이렇게 알려지지 않은 주제로 무언가 대단 한 것을 발견하려면 다음과 같은 문제들을 미리 해결해야 했는데, 어쩌면 결코 해결할 수 없는 문제일지 모른다.

I

'동물은 본능을 가졌기 때문에 자기에게 적합한 것은 구하 고 자기에게 해로운 것은 피하게 되는데, 동물을 이루는 가장 작은 부분들도 이러한 본능을 갖는 것은 아닐까? 이 본능이 정액을 이루는 부분들 속에 흩어져 있고, 동물 전체보다 각 부분에서 강하기가 덜할지라도, 이들 부분이 필요로 하는 결합을 위해서는 충분하지 않을까? 형성이 완전히 끝난 동물들도 본능에 따라 사지를 움직이는 것을 보니 말이다. 이러한 운동이 정신의 메커니즘을 통해 이루어지는 것 같고, 동물 정기나 피가 몰리거나 부재할 때 근육이 긴장되고 이완되는 것으로 이 운동을 모두 설명할 수 있다면, 의지를 따르는 동물 정기와 피의 운동 자체로 항상 돌아가야 한다. 또 의지가 이들 운동의 진정한 원인이 아니라 그저 우연히 발생하는 기회원인에 불과하다면, 본능을 물질을 이루는 작은 부분들을 운동하게 하고 결합하게 하는 하나의 원인이라고 생각하거나, 어떤 예정조화harmonie préétablie가 있어서 이들 운동이 항상 의지와 일치하게 되는 것이라고 생각할 수 있지 않을까?'

II

'이러한 본능은 공화국의 정수처럼, 신체를 형성하는 모든 부분에 퍼져 있는 걸까, 아니면 전제국가에서처럼 그저 어떤 나뉘지 않는 부분에 속한 것일까? 후자의 경우 나뉘지 않는 이 부분이 고유하게 동물의 본질을 이루고, 다른 모든 부분은 그저 외피나 일종의 의복에 불과한 것일까?'

III

'죽고 난 뒤에도 이 부분은 살아남는 것이 아닐까? 그리고 다른 모든 부분들에서 떨어져 나왔다가 동물을 만들 준비가 되었을 때, 더 정확히 말하자면 새로운 신체의 옷을 입고 다시 나타날 준비가 항상 되어 있는 변함없는 본질을 간직하는 것일까? 그것은 공기나 물속으로 사라져버린 뒤에, 식물의 잎이나 동물의 살 속에 갇혀서, 그것이 재생하게 될 동물의 정액에 보존되어 있는 것일까?'

IV

'그 부분으로 인해 동일한 종의 동물만이 만들어지는 것일까? 아니면 그 부분과 결합하는 모든 부분들이 다양한 방식으로 결합되면서 가능한 모든 종이 만들어지는 것일까?'[78]

··

78. [원주] Non omnis moriar; multaque pars meî Vitabit Libitinam. (Q. Hor. Carm. lib. III.)
     [역주] "나는 완전히 죽지 않을 것이니 나를 이루는 많은 부분이 장례의 신을 피할 것이다"(호라티우스, 오드집, 3권).

2부 인간 종의 다양성 · 149

부록

자연의 체계: 유기체 형성에 대한 시론

I

'물질'과 '운동'만 갖고 모든 자연현상을 전부 설명할 수 있다고 믿었던 몇몇 철학자들이 있었다. 그들은 더 쉽게 설명하기 위해 물질의 의미는 오직 '연장'에 있다고 말했다. 이런 단순한 설명으로는 충분하지 않다고 생각한 다른 철학자들은 연장 외에도 '불가입성', '운동의 능력', '불활성'을 추가할 필요가 있다고 생각했고, 결국 '인력'까지 생각하게 되었다. 인력으로 인해 물질을 구성하는 모든 부분들은 질량과 비례하고 거리에 반비례하여 부분들을 서로 끌어당기고 누르게 된다.

II

인력이라는 물질의 새로운 속성은 첫 번째 철학자들의 심기를 건드렸기에 그들은 이 힘이 고대 철학의 '불가사의한 특성'을 연상시킨다고 비난하면서 자신들이 제시한 원리의 단순성에 더 큰 장점이 있다고 생각했다.

III

하지만 문제를 제대로 검토해본다면 물질에 이들 속성을 도입했던 사람들이 여러 현상들을 더 잘 설명했더라도 그 속성만을 갖고는 여전히 다른 여러 현상들을 설명하는 데 역부족이었음을 알게 될 것이다. 자연의 연구가 더 깊어질수록 불가입성, 운동의 능력, 불활성, 그리고 인력조차 무한히 많은 현상들을 설명하기에 부족함이 있음을 알게 된다. 인력의 개념으로 천구의 운동을 아주 정확히 설명할 수 있지만, 화학의 가장 단순한 조작을 설명하는 것조차 턱없이 부족하다. 그러므로 다른 법칙을 따르는 인력이 있다고 가정해야 한다.

IV

그런데 물질을 구성하는 다양한 부분들 하나하나에, 인력이 존재한다고 가정하지 않는 한, 인력 자체만을 가지고 식물이나 동물의 형성과정을 설명하기란 어림도 없는 일이다.

V

이런 방식으로 설명할 수 없어서 철학자들은 가망이 없는 몇몇 이론들에 빠져들었던 것이니, 우리의 이론을 제시하기 전에 그 이론들에 대해 한마디 하고자 한다.

VI

어떤 철학자들은 '가소성可塑性을 가진 자연'을 상상했다. 정신도 물질도 없는 자연이 우주에서 그 둘이 작동시킬 수 있는 모든 것을 작동시킨다. 다른 철학자들은 지성적인 실체를 도입했다. 정령이나 다이모니온이 그것으로, 이것이 천체를 움직이게 함은 물론 동물과 식물 등 모든 유기체의 생성도 가능하게 해준다.

VII

나는 앞의 두 이론이 가진 약점을 보여줄 생각은 없다. 그 두 이론이 발명된 것은 우주의 왕국에서 신의 수고를 더는 한편, 신의 피조물 가운데에서 우리가 보기에 너무 대수롭지 않거나 너무 불완전하지 않은가 생각되는 것들로부터 신의 작업을 정당화하기 위함이었다. 이는 무한한 전능과 예지를 가진 신 존재가 이 왕국에 끊임없이 수정에 수정을 가할 수도 있으며, 우주에 불완전한 어떤 것이 존재한다고 가정한다면, 신이 사역을 맡긴 성직자들에게 그 잘못을 돌리면서 지고한 존재의 무고함을 밝힐 수 있다고 생각한 것이다.

VIII

세상이 어떻게 작동하는지 알 수는 없더라도 지성과 물질을 갖춘 존재가 물체에 작용을 가할 수 있다는 점은 경험으로 알 수 있다. 그러나 어떻게 비물질적인 실체가 전능한 존재의 즉각적인 도움 없이 물체에 작용을 가할 수 있는가 하는 점은 경험으로 알 수 없고 이해할 수도 없는 일이다. 더욱이 비물질적인 실체들에 지성이 결여되어 있음을 이해한다면 더더욱 이해불가한 일이다. 우리는 비물질적인 실체들이 어떻게 작동하는지 설명해 줄 수 있는 관념을 전혀 갖고 있지 않을뿐더러 그 비물질적인 실체들이 존재함을 알게 해줄 수 있는 관념 역시 갖고 있지 않기 때문이다.

IX

가소성을 가진 자연도 받아들일 수 없고 지성을 가진 자연도 받아들일 수 없었던 철학자들은 유기체의 형성을 설명할 목적으로 모든 식물, 모든 동물과 같은 신체를 가진 모든 것이 세상의 기원부터 존재했다고 생각하는 것으로 그쳤다. 다시 말하면 새롭게 만들어졌다고 생각한 모든 것은 너무 작아서 그때까지 감춰져 있던 것으로 생각했던 부분들이 성장하고 발육한 것일 뿐이라는 것이다. 이제 나는 동물과 인간의 형성과정을 연장과 운동만으로 설명하려고 했던 데카르트와 그의 몇몇 제자들의 노력을 더는 언급하지 않겠다.

X

동물의 형성과정을 동시적으로 보는 위의 이론은 개체들의 모든 부분들이 완전히 형성을 끝낸 채, 하나 속에 다른 하나가 들어 있다고 주장함으로써, 모든 어려움들을 해결하게 되었다고 생각했다. 유일한 어려움은 개체들이 무한히 들어 있는 이 저장소가 어디에 있는지에 대한 것이었다. 어떤 철학자들은 여성에 있다고 했고, 다른 철학자들은 남성에 있다고 했으며, 각자 오랫동안 자신의 설명에 만족했다.

XI

그러나 이 이론을 보다 주의를 기울여 검토해보면 결국 설명해주는 것이 전혀 없음을 알게 된다. 창조주의 의지로 창조가 이루어진 한날, 모든 개체의 형성이 끝났다는 가정은 자연학적 설명이라기보다 기적을 말하는 것이다. 발생이 동시에 이루어졌다는 점으로 득이 될 것이 전혀 없다. 우리가 연속적인 것으로 보는 것을 신은 동시적으로 보기 때문이다. 결국 더없이 정확한 경험이 이루어지고 결정적인 현상들이 발견되면서 이러한 무한히 많은 수의 개체가 여성에 들어 있다고도 남성에 들어 있다고도 말할 수 없었기 때문에 이 이론은 완전히 무너져 내렸다.

XII

우리가 모든 유기체, 식물, 동물이 세상에 나타난 순간 창조주가 즉각적으로 창조한 것이라고 말했다면, 이들 모든 개체가 동시에 창조되었다고 주장하는 사람들은 우리보다 전혀 유리한 입장에 설 수 없을 것이며, 이 수많은 유기체들이 어떻게 하나 속에 다른 하나가 들어 있는지 이해하는 데 더 큰 어려움이 생길 것이다. 그러나 앞서 말했듯 그런 것으로는 설명이 되지 않는다.

XIII

우리는 위에서 참조해보지 않을 수 없었던 기존의 여러 이론들을 제시해보았는데 그것으로 독자들은 우리의 이론을 보다 관대하게 판단할 수 있을 것이다. 어쨌든 우리가 제시한 이론이 확실히 증명이 되었다거나 어떤 반박도 피할 수 있다고 주장하는 것은 단언컨대 아니다. 그만큼 알려지지 않은 주제에 대해 우리의 제안이 다른 이론들에서 제시된 것보다 난점이 적거나 진실에 더 가까울 수 있다면 만족이다.

XIV

물질을 구성하는 모든 부분에 어떤 단일하고 맹목적인 인력이 퍼져 있다는 말로는 어떻게 이들 부분이 서로 맞춰지면서 가장 단순한 방식으로 조직된 유기체를 형성하게 되는지 설명할 수 없을 것이다. 모든 부분들이 서로 결합하기 위한 동일한 경향과 동일한 힘을 갖는다면 왜 이 부분들은 눈이 되고, 왜 저 부분들은 귀가 되는 걸까? 왜 이렇게 경이로울 정도로 서로 맞춰지게 되면서도, 왜 그 부분들이 한데 뒤섞여 결합하는 일은 없는 걸까? 이 점에 대해서 그저 유추의 방식으로 이해하고 있을 뿐이라고 해도, 우리가 이해하는 것을 한번 말해보자면 어떤 지성의 원리랄까, 우리가 '욕망', '혐오', '기억'이라고 부르는 무언가의 도움이 필요하다고 하겠다.

XV

내가 방금 언급한 용어에 당황할 필요는 없다. 내가 이 자리에서 위험한 이론을 세우고자 한다고 생각하지 말아 달라. 고집스럽게 자신의 생각을 따르거나 새로운 사상을 수용하는 데 어려움을 느끼는 것을 열정적인 신심으로 받아들이는 사람들이 웅성거리는 소리가 벌써 들리는 것 같다. 그들은 물질이 사유한다는 점을 받아들이면 모든 것이 끝장나리라고 말할 것이다. 하지만 나는 그들에게 제발 내 말에 귀를 기울이고 내 질문에 답해볼 것을 부탁한다.

XVI

그 사람들은 짐승이 순전히 기계라고 진심으로 믿고 있을까? 그렇게 믿는대도, 종교가 당연히 그렇게 믿으라고 하고, 짐승도 어느 정도 사유한다는 점을 받아들이지 말 것을 명했다고 믿고 있을까? 나는 '예민한 영혼'이나 다른 유사한 용어들을 내세워서 그 사실을 숨기지 않는다. 이치를 따질 줄 아는 사람이라면 누구나 감정이란 결국 지각이고, 사유라는 점에 동의할 테니 말이다.

XVII

가장 교리에 충실한 신학자들은 물론 기독교 초기 신학자들조차 짐승도 지성이 있음을 받아들였다. 어떤 신학자들이 예민한 영혼이라는 말을 썼던 것은 짐승도 보고, 듣고, 욕망하고, 두려움을 느끼고, 기억한다고 생각했기 때문이다. 그들은 짐승이 그저 기계장치에 불과하다는 데카르트주의 이론을 반종교적이라고 생각하기까지 했다. 이 이론을 주장한 데카르트는 수많은 반박을 견뎌야 했는데 오늘날 데카르트주의자들은 그들의 선구자가 겪어야 했던 것과 똑같은 반박을 데카르트가 주장한 이론을 반대하는 사람들이 겪도록 하고 있다.

XVIII

그런데 동물의 유기체가 그러한 것처럼 물질의 거대한 더미에 어떤 지성의 원리가 존재함을 문제없이 받아들인다면, 그 지성의 원리가 물질을 구성하는 가장 작은 부분들에도 역시 존재함을 받아들일 때 문제가 생긴다고 보아야 할까? 어떻게 조직이 되었느냐에 따라 차이가 생기는 것이라고 말한다면 그저 부분들의 배열에 불과한 조직도 사유를 할 수 있다고 생각해야 할까? 그런데 지금 문제는 그것이 아니라, 물질에 다소라도 지성이 있느냐가 문제를 일으킬 수 있는지 검토하는 것이다. 문제가 있었다면 모래알에 지성이 있다는 것만큼이나 코끼리나 원숭이의 육체에도 지성이 있음을 받아들이는 것도 큰 문제가 된다.

XIX

그런데 물질에 어느 정도의 지성, 욕망, 혐오, 기억이 있다는 점을 받아들이는 데 아무런 문제가 없음은 물론, 기독교 이론을 정립한 최초의 학자들 역시 짐승도 지성이 있다는 점에 전혀 개의치 않았고, 인간을 동물보다 더 우월한 존재로 만들어주는 이 지성은 물질적인 것이라고까지 생각했다.

XX

그러므로 우리는 편안히 이들 신학자의 입장에 서면 되고, 철학자들이 아니라면 손을 벌릴 이유가 없다. 철학자들과 함께라면 권위라는 무기를 들 필요가 없고, 그 무기를 두려워할 필요도 없기 때문이다.

XXI

처음에 소개한 철학자들은 사유는 물질의 속성일 수 없다고 생각한다. 사유는 영혼에 고유한 본질이요, 연장은 물체에 고유한 본질로 보는 것이다. 그들이 영혼에 대해 품은 생각에는 물체에 속한 속성을 전혀 찾을 수 없었고, 물체에 대해 품은 생각에는 영혼에 합당할 수 있는 속성을 전혀 찾을 수 없었기 때문에 그들은 이 두 실체가 확실히 구분됨은 물론, 두 실체는 전혀 공통된 특징을 가질 수 없다는 점을 확신하는 데 근거를 마련했다고 생각했다.

XXII

그러나 이 모든 것은 성급한 판단일 뿐이며, 그 본성이 무엇인지 충분히 이해하지 못한 일들에 관한 것이다. 영혼의 본질이 오직 사유이며, 물체의 본질이 오직 연장이라는 점이 사실이라면, 이 철학자들의 논증은 정확한 것일 수 있었다. 연장과 사유의 차이만큼 명확하게 구분되는 것이 없기 때문이다. 그런데 사유와 연장이 속성일 뿐이라면, 고유한 본질이 무엇인지 우리에게 알려지지 않은 어떤 주체가 이 둘을 모두 속성으로 가질 수도 있지 않겠는가? 그렇게 되면 이 철학자들의 논증은 완전히 무너지게 되고, 연장과 운동의 능력이 하나가 될 수 없음을 증명하는 이상으로 사유와 연장도 공존할 수 없음을 증명할 수 없게 된다. 우리가 같은 주체에 연장과 운동의 능력이 있음을 이해하는 것 이상으로 연장과 사유가 함께함을 이해하는 일이 내키지 않았던 것이 사실이라면, 그것은 경험상 연장은 끊임없이 우리의 눈에 보이지만, 사유나 운동의 능력은 오직 추론과 귀납의 방식을 통해서만 알 수 있는 것이기 때문이다.

XXIII

그러므로 이 점에서 비롯되는 모든 결과는 사유와 연장은 완전히 구분되는 두 가지 속성이라는 점이다. 그런데 사유와 연장이 하나의 주체에 동시에 존재할 수는 없을까? 자연현상을 검토할 때 우리가 이 점에 대해 어떻게 생각해야 하는지 비로소 알 수 있게 된다.

XXIV

이들 현상을 설명할 때 반드시 지켜야 할 규칙이 하나 있다. 최소한의 원칙과 가능한 가장 단순한 원칙을 사용하는 것이다. 하지만 이렇게 말할 수도 있으리라. 물질이 사유한다고 가정하는 것이 단순한 원칙을 사용하는 것인가? 이러한 속성을 생각하지 않고 그 현상을 설명할 수 있다면 그렇게 가정하는 것은 오류일 것이다. 물질의 속성이 연장과 운동에 있다고 가정하는 것으로 충분한 설명이 될 수 있다면 데카르트야말로 가장 위대한 철학자일 것이다. 다른 철학자들이 어쩔 수 없이 받아들여야 했던 속성들을 추가하면서 만족할 수 있었다면 새로운 속성을 또다시 받아들여서는 안 될 것이다. 하지만 이 모든 속성을 가지고도 자연현상이 설명되지 않는다면 새로운 속성을 가정하는 것은 앞서 우리가 세운 규칙을 위반하는 일이 아니다. 이들 현상을 설명하지 않는 철학은 단순하다고 볼 수 없고, 경험상 필요하다고 여겨지는 속성을 가정하는 철학을 지나치게 복잡한 것으로 볼 수 없다.

XXV

데카르트가 제시한 원칙에서는 가장 보편적이고 가장 단순한 자연현상이라 할 수 있는 물체들의 충돌 현상을 추론할 수 없었다. 다른 철학자들 역시 더 유리한 입장이 아니었다. 그러다가 인력이 도입되어서야 천구의 현상과 지상에서 관찰되는 여러 현상을 설명할 수 있었다. 설명해야 할 현상이 많을수록 물질의 속성은 늘어날 수밖에 없었다.

XXVI

그런데 우리가 가정했던 모든 속성들로 유기체의 형성과정을 설명하는 일이 가능하지 않다면 새로운 속성을 가정하거나, 더 자세히 말하면 유기체에 존재하는 모든 속성을 속속들이 알아야 할 것이다.

XXVII

종교는 우리가 보는 물체들의 최초의 기원을 오직 자연의 법칙에서, 물질의 속성에서 찾을 수 있다고 생각하지 못하게 한다. 성경의 가르침은 어떻게 이 모든 물체가 처음에 무에서 나와 형성된 것인지 알려준다. 우리는 성경 말씀에 나오는 상세한 부분에 일말의 의심도 없다. 오늘날 여러 철학자들이 성경에 나오는 표현들을 자기들이 신봉했던 이론들을 따라 자유롭게 해석하고 있지만 우리는 그렇게 하지 않을 것이다.

그 철학자들에 따르면 성경을 지은 저자는 사태를 정확히 설명하기보다는 대중적인 방식으로 말하고자 했다고 한다. 그런데 이 세계가 일단 지어졌다면 이 세계는 그 이후에 어떤 법칙에 따라 유지되는 것일까? 창조주는 죽어가는 개체들을 되살리기 위해 어떤 수단을 예비하셨는가? 여기서 우리는 공상의 나래를 펴서 이 점을 어떻게 생각하는지 제안해볼 수 있겠다.

XXVIII

우리는 물질에 흔히 물리적 속성과는 다른 속성이 있음을 문제없이 가정해 볼 수 있고, 물질에 어느 정도의 지성, 욕망, 혐오, 기억을 부여할 수 있음을 살펴보았다. 나는 반드시 그래야 한다고 생각한다. 물질의 물리적 속성만으로는 유기체가 어떻게 형성되는지 결코 설명할 수 없을 것이다. 이 점을 납득하려면 에피쿠로스에서 데카르트에 이르기까지 이 문제를 다뤘던 모든 철학자들의 저작을 읽어보는 것으로 충분하다.

XXIX

우주 전체를 보는 것만으로 어떤 지고한 지성이 우주에 질서를 부여했고 운행을 주재한다는 너무도 강력한 증거가 된다면 모든 유기체 하나하나를 보는 것만으로 그것을 산출하는 데 필요한 지성에 합당한 증거가 제시된다고 말할 수 있다. 유기체의 산출을 설명할 능력이 없었음을 숨기려고 모든 유기체가 동시에 형성을 끝내고 앞으로 무한히 계속 발육해나갈 뿐이라고 말하려고 했던 사람들이 있다. 그들은 최초의 유기체가 형성되었음을 받아들이고는 있지만 추론 방식에서 본다면 우주가 형성되는 데 지고한 지성이 필요하다는 점을 받아들이고 싶지 않아서 우주가 영원하다고 말하는 사람들을 모방하는 것이다.

XXX

어떤 이론이 됐든 지성을 가진 원인으로 거슬러 올라가야 한다. 모든 이론에서 최초의 창조행위는 기적이라고 해야겠다. 모든 유기체가 완전히 형성을 마치고 이후에는 발육을 할 뿐이라고 보는 이론에서 개체 하나하나가 태어나는 일은 더더욱 기적이라고 해야겠다. 이 모든 기적은 동시에 이루어졌지만 시간이 연속되어감에 따라 차례로 나타나는 것처럼 보인다. 신에겐 모든 시간이 똑같이 현재적이기 때문에, 신이 우리로서는 연속적으로 흐르는 것처럼 보이는 시간을 정말 그러한 순서대로 만들었다면 그는 그만큼 더 많은 기적을 행했어야 했을 것이다.

XXXI

그러나 물질을 구성하는 가장 작은 부분들 하나하나가, 그러니까 하나하나의 원소[1]가 우리 내부에서 일어나는 욕망, 혐오, 기억이라 불리는 것과 같은 어떤 속성을 갖추었다면, 최초의 개체들의 형성은 기적이라고 해야 할 것이므로, 그 이후에 등장한 개체들은 이들 속성에서 비롯한 결과였을 뿐이다. 각각의 물체를 이루는 고유한 원소들이 충분히 존재하고 그들 사이에 작용이 이루어질 수 있을 만큼 거리를 두고 있으므로 우주에서 상실이 이루어질 때마다 이를 연속적으로 복구하기 위해 서로 결합하게 될 것이다.

XXXII

본 이론은 다른 이론들이 해결할 수 없었던 부모를 닮는 것, 괴물의 발생, 잡종 동물의 탄생과 같은 모든 난점을 해결해 줄 것이다. 이 모든 문제가 쉽게 설명된다.

XXXIII

태아를 형성하게 되는 원소들은 아버지가 되는 동물과 어머

..

1.   [원주] 나는 여기서 분할이 가능한 물질의 가장 작은 부분들을 원소라고 부른다. 하지만 물질이 무한히 나뉠 수 있는가 그렇지 않은가의 문제는 여기서 다루지 않겠다.

니가 되는 동물의 정액을 떠다니고 있다. 그런데 형성되어야 할 부분과 똑같은 부분의 정수精髓에는 말하자면 그것의 예전 상태의 기억 같은 것이 보존되어 있어서 매번 그 기억을 되찾게 되기 때문에 태아 속에서 항상 동일한 부분을 형성하게 된다.

XXXIV

바로 이런 이유로 보통의 경우에 종이 유지되고 태아는 부모와 닮게 된다.

XXXV

정액에 어떤 원소가 들어 있지 않거나 서로 결합될 수 없는 경우 일부가 결여된 괴물이 태어난다.

XXXVI

원소가 지나치게 많아서 보통의 결합이 이루어진 후에도 어떤 부분이 여전히 남아 다른 부분과 다시 한 번 결합될 때 일부가 과잉인 괴물이 태어난다.

XXXVII

과잉이 되었든 결여가 되었든 어떤 기형은 통상적으로 세대를 거듭하거나 여러 세대 동안 계속된다. 베를린의 한 가계는 아이들이 모두 여섯 개의 손가락을 갖고 태어나는데 아버지 쪽도 그렇고 어머니 쪽도 그렇다. 사례가 많은 이 현상을 고려해볼 때, 오늘날 가장 보편적으로 인정되는 두 생식 이론, 즉 양성이 결합하기 전에 아버지 쪽에 완전히 형성을 끝낸 채 들어 있다고 가정하는 이론과 아이가 어머니의 난에 완전히 형성을 끝낸 채 들어 있다고 가정하는 이론으로는 어느 쪽으로도 설명이 불가능하고, 이들 이론이 모두 무너지게 된다. '육손이'를 가진 개체들이 한쪽이 다른 한쪽에 포함되어 여러 세대 동안 거듭된다고 가정한다면 이러한 기형은 첫 번째 이론의 경우 아버지 쪽에서만 유전이 되어야 할 테고, 두 번째 이론의 경우 어머니 쪽에서만 유전이 되어야 할 것이다. 우리가 제시한 이론을 보면 전혀 문제가 없다. 최초의 기형은 앞의 단락에서 말한 여러 원인 중 하나가 우발적으로 일어난 결과이므로, 최초의 개체가 가진 부분들이 서로 이루는 그 상황을 기억하므로 그 부분들은 두 번째 개체, 세 번째 개체 등에서도 동일한 방식으로 배치된다. 이러한 습관이 아버지의 쪽에서이든 어머니의 쪽에서이든 아니면 어떤 사고에 의해서이든 보다 강한 어떤 습관 때문에 사라지지 않는다면 말이다.

XXXVIII

이들 원소가 종種이 서로 다른 동물들에서 나오고, 그 동물 종들의 원소가 충분히 가까운 관계에 있다면, 어떤 원소는 아버지가 속한 종의 형상에 더 이끌리고, 다른 원소는 어머니가 속한 종의 형상에 더 이끌리게 되어 결국 잡종 동물이 만들어질 것이다.

XXXIX

마지막으로 원소들이 전혀 충분한 유사성을 갖지 않는 동물들에서 나온다면 그 원소들은 적절한 배치를 취하거나 유지할 수 없으므로 생식이 이루어지지 않게 된다.

XL

반대로, 어떤 원소들이 서로 배치가 용이하거나 그 원소들이 갖춘 기억이 지나치게 희미하여 아주 쉽게 배치가 이루어지게 되면, 통상적으로 이루어지는 생식과 구별되는 방식으로 동물들이 태어나는 것을 볼 수 있을지도 모른다. 밀가루와 물을 섞었을 때 생긴다고들 하는 저 경이로운 뱀장어들이나 정액에 우글거리는 수많은 다른 정자동물들이 그러하다.

XLI

이 이론을 이용한다면 다른 이론을 통해서는 설명이 불가능한 것처럼 보이는 여러 가지 특별한 생식 현상들의 설명이 가능하다. 아이가 가장 가까운 친척보다 선조 중의 누군가를 더 닮는 일은 어렵지 않게 볼 수 있다. 아이가 가진 일부의 특징을 형성하는 원소들이 아버지보다 선조에게서 습관적인 상황을 더 잘 보존할 수 있는 까닭은 그 원소들이 아버지에서보다 선조에게서 더 오랫동안 결합되어 있거나, 결합에 필요한 힘이 다소 더 많았기 때문이다. 그럴 때 원소들은 선조에서 자리 잡았던 것처럼 태아에 자리 잡게 된다.

XLII

처음에 어떤 상태에 있었는지에 대한 기억을 완전히 상실한다면 모든 부분들이 뒤죽박죽으로 배치된 괴물이 태어날 것이다.

XLIII

가장 기이하고 설명하기 어려운 현상은 교배종이 불임이 되는 현상이다. 상이한 종을 교배하여 태어난 동물 가운데 생식이 가능한 것이 없다는 것은 경험으로 알고 있다. 숫노새를 이루는 부분들과 암노새를 이루는 부분들의 원소들이 당나귀에서 배치되는 방식도 아니고 암말에서 배치되는 방법도 아닌, 특별한 방식으로 배치되었기 때문이라고 말할 수 있을까? 이 원소들이 숫노새와 암노새의 정액에 들어올 때 이렇게 이루어진 배치의 습관이 보다 새롭고, 정액이 선조에게 가졌던 배치의 습관이 수많은 생식을 반복하다 보니 보다 강한 힘을 갖추게 되었기 때문에, 이들 원소는 일종의 균형을 이루어 어떤 방식으로도 결합하지 않는 것은 아닐까?

XLIV

반대로 원소들이 꼭 달라붙어 배치되는 경우도 있어서 최초의 생식이 이루어질 때부터 이전에 이루어진 배치를 압도하고 처음에 이루어지곤 했던 배치의 습관을 지워버리는 경우도 있다.

XLV

이러한 사실로 미루어, 전혀 유사성이라고는 찾아볼 수 없는 두 종이 오직 두 개체로부터 수를 어떻게 증가시킬 수 있는지 설명해볼 수 있지 않을까? 우연히 어떤 발생이 이루어지는 것으로만 종의 기원이 가능할 수 있는데, 그때 최초의 부분들은 아버지 동물과 어머니 동물이 갖고 있었던 질서를 유지할 수 없을 것이다. 그래서 여러 단계의 오류가 발생할 때마다 새로운 종이 나타났을 것이다. 이렇게 질서를 벗어나는 일이 여러 차례 반복되면서 오늘날 보는 것처럼 무한히 다양한 동물 종이 나타났을 것이다. 이런 동물은 시간이 더 흐르면 수가 증가하겠지만 아주 오랜 시간이 흐른 후에는 증가세가 거의 눈에 띄지 않을 정도에 그치게 된다.

XLVI

자연이 동물을 만들어내기 위해 일반적인 방법과는 다른 방법을 사용한대도 자연은 이를 아무렇지도 않게 받아들이며 이것이 오히려 자연에 유리한 것일 수도 있으므로, 본 이론의 반박이 될 수 없다. 양성이 필요 없이 개체 단독으로 번식이 가능한 곤충들이 있다. 몸의 일부를 분할하여 번식하는 곤충들도 있다. 어느 쪽도 본 이론에 난점이 되지 않는다. 저명한 연구자들이 주장하듯이 아버지도 없고 어머니도 없이, 부모의 정액이 전혀 들어 있지 않는 물질에서 태어나는 동물들이 있다는 것이 사실이라고 해도 이 역시 어려움 없이 설명할 수 있다. 한 동물이 갖는 정액은 어떤 방식으로 결합하도록 된 원소들이다. 대부분의 동물들은 양성이 분비하는 액체가 결합할 때에서야 양적으로 충분해지거나 결합에 적합한 환경에 놓이게 되지만, 어떤 다른 종들은 생식 과정에서 이들 원소가 단 하나의 개체에서만 발견될 수도 있고, 그 원소들로 만들어짐에 틀림없는 개체 자체와는 다른 곳에서 발견될 수도 있다.

XLVII

그러나 우리가 제안하는 이론은 동물의 영역에 국한되어야
할까? 왜 그래야 할까? 식물, 광물은 물론 금속조차 기원은
모두 동일한 것이 아닐까? 식물, 광물, 금속이 만들어지는
것을 보면 가장 유기적으로 구성된 다른 물체들이 만들어지는
것도 알 수 있지 않을까? 동물의 자궁과 식물의 종자에서
일어나는 것과 꼭 닮은 무언가를 우리 눈으로 늘 보고 있지
않는가? 소금을 구성하는 가장 미세한 부분들이 운동을 시작
하고 결합할 수 있게 해주는 어떤 유체流體에 퍼지면 이들
부분이 서로 결합하여 고른 형태를 갖고, 입방체 모양을 갖고,
각추角錐형 모양 등을 갖는 물체가 만들어지는데, 이들 모두가
소금의 본성을 지니고 있다. 이 물체들을 빻아 분말로 만들어
부분들이 맺고 있던 관계를 깨뜨려보라. 이렇게 분할된 부분
들이 같은 유체에서 부유하다가 이내 처음의 배치 상태로
돌아가게 되고, 이들 고른 형태를 가진 물질들이 금세 다시
만들어질 것이다. 하지만 이 물질들의 형태가 너무 단순해서
그런 물질이 만들어지는 것과 식물과 동물이 만들어지는 것
사이에 무슨 유사성이 있는지 알 수 없다고 생각한다면, 이번
에는 은銀, 질산, 수은을 구성하는 부분들을 한데 섞어보라.
그러면 여러분은 화학자들이 '다이아나의 나무'라고 부르는
식물의 모습을 한 경이로운 결정結晶이 만들어지는 것을 보게

될 것이다. 이 결정이 만들어지는 것과 보통의 나무가 만들어지는 것 사이의 차이는 전자가 만들어지는 모습을 숨김없이 볼 수 있다는 것뿐이다. 이 나무 모양의 결정과 다른 나무들의 관계는 일반적으로 이루어지는 생식과는 다른 방식으로 만들어지는 동물과 다른 동물들의 관계와 같다. 예를 들면 폴립, 촌충, 회충, 밀가루를 물에 풀었을 때 생기는 뱀장어들이 그렇다. 사실 이들 동물들은 여러 부분들이 그저 결합되었을 뿐, 같은 종의 동물의 특성을 아직 갖고 있지 않다.[2]

XLVIII

우리 지구에 발생했으리라 여겨지는 변화에 대해서도, 어떤 원인 때문에 그런 변화가 일어났는지에 대해서도 여기서 말하지는 않겠다. 지구는 어떤 천구의 대기 속에 묻혀버릴 수도 있었고 어떤 다른 천구가 다가와 타버릴 수도 있었고, 오늘날보다 더 태양 가까이에 있어서 태양에서 나오는 광선에 녹아버리거나 유리화琉璃化되었을 수도 있었다. 어떤 천체들이 다른 천체들의 경로를 지나면서 수많은 천체들이 합쳐질 때 이 모든 우연한 일들이 가능하다는 것을 충분히 알 수 있다.

• •
2.　[원주] 뷔퐁, 『자연사』, 2권, 8-9장.

XLIX

하지만 사실로부터 출발할 수 있다. 모든 사실로 미루어보아 지구 표면에서 볼 수 있는 모든 물질이 과거에 물속에서 용해되었든, 불 때문에 용융되었든 액체 상태였음을 알 수 있다. 그런데 지구의 모든 물질이 과거에 액체 상태였을 때, 그 동물을 태어나게 했을 원소들이 헤엄치고 있던 액체와 같은 상태였다고 하겠다. 금속과 광물, 보석은 가장 유기조직화가 덜 된 곤충보다 더 쉽게 형성되었다. 물질을 구성하는 부분들 중 가장 활동성이 적은 것이 금속과 대리석을 만들 것이고, 가장 활동성이 큰 것이 동물과 인간을 만들 것이다. 이렇게 만들어진 물질들의 차이는 어떤 물질은 그 원소들이 들어 있는 물질이 유동성을 갖기 때문에 계속되고, 다른 것들을 만드는 원소들이 들어 있는 물질은 굳어 있기 때문에 더는 새로운 것이 만들어지지 않는다는 데 있다.

L

그런데 지구가 대홍수라든지 대화재라든지 하는 것이 지나간 후, 우리가 이미 XLVIII절에서 말한 여러 상태 중 하나에 다시 처했다면 원소들이 새로이 결합되고, 새로운 동물들이며, 새로운 식물이며, 무엇이든 새로운 것들이 다시 만들어질 수 있다.

LI

이러한 방식으로 한 가지 동일한 원칙을 통해 오늘날 우리가 전혀 이해할 수 없는 새롭게 만들어진 모든 것을 설명할 수 있을 것이다. 과거에 물질이 유동적인 상태에 있었을 때는, 원소 하나하나가 이들 물체를 형성하는 데 적합한 방식으로 자리 잡고 있었을 텐데 이제는 그 물체들 속에서 형성과정의 자취를 전혀 알아볼 수 없다. 병사들이 대오를 맞추어 진군하고 있는 군대를 어느 정도 거리를 두고 바라볼 때 그저 커다란 동물처럼 보일 수 있는 것이 이와 같고, 꿀벌 떼가 어떤 나뭇가지 주변에 모여 서로 달라붙어 있을 때 그 무리를 형성하는 개체들과 전혀 닮아 보이지 않는 하나의 물체로만 보이는 것도 이와 같다.

LII

그렇게 된다면 그 원소가 애초에 가졌던 작은 단계의 의식이 상실되거나 약화될 것인가, 아니면 그 원소가 다른 원소와 결합하면서 전체에 유리하도록 그 의식이 증가하게 될까?

LIII

지각은 모든 원소가 갖는 본질적인 한 가지 속성이므로 없어지거나, 감소되거나, 증가될 수도 없는 것 같다. 원소들이 다양하게 결합함에 따라 지각은 다양한 변화를 받아들일 수 있다. 그러나 우리가 그것을 따르거나 이해할 수는 없지만, 우주에서 지각의 합은 항상 동일해야 한다.

LIV

이 점이 인간과 다른 종에서 동일하게 일어나는지 경험을 통해 알 수 없어서, 그저 유추의 방법을 사용해서 판단할 수밖에 없다. 그 경험으로도 여전히 충분한 것은 아니다. 그런데 인간에서는 서로 모인 원소들의 모든 지각으로부터 유일하고, 훨씬 더 강하고, 훨씬 더 완전한 지각이 나오는 것 같다. 이러한 지각은 그 어떤 기초적인 지각 이상인 것으로, 그것과 지각 하나하나와 맺는 관계는 유기체와 원소가 맺는 관계와 같을지 모른다. 원소 하나하나는 다른 원소들과 결합할 때 자기가 가진 지각과 다른 원소들의 지각이 하나가 되면서 '자기'가 가진 지각의 특별한 의식을 상실하기 때문에 우리는 원소들의 최초 상태가 어떠했는지 기억을 잊고 우리의 기원이 어떠하였는지 완전히 알 수 없게 되는 것임이 틀림없다.

더욱이 원소들의 지각이 하나의 유일한 지각과 결합한다고 말할 때, 우리의 신체를 형성하는 원소들의 결합체를 이루는 각 부분이 이러한 유일한 지각에 똑같이, 단일한 방식으로 기여한다고 생각해서는 안 된다. 원소들이 처음부터 다양한 종류의 지각을 갖추고 있든, 원소들이 다양한 방식으로 결합됨에 따라 다양한 배치가 이루어질 때 이러한 차이가 생기는 것이든, 경험상 우리는 극단적인 차이가 있음을 알게 된다. 우리의 신체를 이루는 어떤 부분은 지각으로 사유가 만들어지는 원소들의 결합을 포함하는 것 같고, 다른 부분들은 감각작용을 일으키는 원소들의 결합만을 포함할 뿐인 것 같고, 또 다른 부분들은 기초적인 지각들의 결합이 전혀 이루어지지 않아 '우리를 위한' 어떤 종류의 지각도 생겨나지 않게 하는 것 같기도 하다. 바로 이런 이유로 어떤 부분들을 이루는 원소들이 배치되는 과정에서 눈에 띄지 않을 정도의 미세한 변화가 일어날 때 지적인 능력에 생경한 변화가 일어나는 반면, 팔 하나, 다리 하나가 없더라도 머리카락이나 손톱이 빠지는 것 이상으로 지적인 능력은 영향을 받지 않는 것이다.

LV

우리의 신체와 가장 유사한 동물에서 똑같다고 말할 수는 없지만 유사하다고 할 수 있는 무엇인가가 일어날 수 있을 것 같다. 이 유사관계가 계속 줄어들면 해면, 식물, 광물, 금속까지 연장될 수 있다. 이렇게 지각의 결합이 이루어지는 방식은 우리로서는 결코 이해할 수 없을 신비스러운 일이리라.

LVI

기초적인 지각들 사이에서 이루어지는 결합을 통해 다른 모든 이론으로는 설명할 수 없는 사실들을 쉽게 설명할 수 있다. 인간과 동물에서 정념과 재능이 왜 유전되는가? 어떻게 아버지의 영혼의 특징들이 아들의 영혼에서 발견되는가? 어떻게 기하학자들이 많이 나오는 가계가 있고, 음악가들이 많이 나오는 가계가 있는가? 어떻게 개는 능숙한 사냥의 능력을 종족에 전하는 것일까? 이 현상들은 이해할 수 없지만 특별할 것이 없고, 혈통이 이어지면서 보다 지속적이 되는 것일지 모른다. 본 이론은 아주 쉽게 이들 현상을 설명할 수 있다. 기초적인 부분들이 양적으로 동일하고 조합의 방식도 동일하다면 같은 부분을 갖고 태어난 개체들은 지각들이 서로 협력하는 방식도 동일하고, 성향, 혐오, 재능, 결함도 동일할 것이다. 교육을 통해서 습관이 붙지 않도록 하는 대신, 대단히 자주 일어나는 것처럼 유사한 교육의 방식으로 여러 세대에 걸쳐 아이들이 아버지의 직업을 갖도록 하여 습관을 강화했다면 재능이 아직 이르지 못했던 완전한 정도까지 이르도록 커지는 것을 볼 수 있을 것이다.

LVII

지금까지 우리는 자연학자의 자격으로 말하면서 신체 형성에 지성이 필요하다는 점만을 고려했을 뿐이다. 이 점에서 인간은 짐승과 식물, 즉 조직을 갖춘 모든 존재들과 공통점을 갖는다. 하지만 인간에게는 다른 모든 존재들이 처한 조건과 결정적으로 다른 것으로 만들어주는 원칙이 있고, 인간은 바로 이 원칙을 통해 신을 이해하고, 의무라는 도덕적인 관념을 갖게 된다. 원소들의 개별적인 지각은 오직 물질을 구성하는 부분들의 형상과 운동만을 목적으로 하므로, 이로부터 비롯한 지성은 계속 똑같은 종류로 남고 차이가 있다면 어느 정도의 완전성을 더 갖는가 하는 것뿐이다. 지성은 신체적 특성에 작용하고, 산수와 기하학의 사변까지 확장되기도 할 것이다. 하지만 지성이 아무리 높아진들, 기초적인 지각에 기원을 두지 않는 완전히 다른 질서를 알 수는 없을 것이다. 나는 원소들의 지각이 결합되면서 나타나는 지성과 도덕의 원칙에 어떤 종류의 관계가 가능한지 설명할 생각은 없다. 더는 나눠지 않고, 불멸하고, 신체와는 완전히 구분되고, 영원한 보상을 받거나 영원한 고통을 받아 마땅할 수 있는 영혼이 우리에게 있음을 아는 것으로 충분하다.

LVIII

그러나 어떤 다른 이론을 따른다 해도 적어도 상당히 큰 난점들은 남게 되지 않을까? 발육 이론에서 극미동물이 인간을 형성하게 되거나 더 정확히 말하면 이 극미동물이야말로 완전히 형성된 인간일 텐데, 그것은 우리들 가운데 살아가게 될 때 자신의 행동을 주재하는 것이 틀림없는 저 천상의 재능을 이미 받았던 것일까? 만일 그 재능을 이미 갖추었다면, 무한한 수가 들어 있는 극미동물 하나하나마다 역시 그러한 극미동물이 들어 있음이 틀림없으며, 이렇게 영혼 하나에 다른 영혼이 무한히 들어 있는 모든 영혼들은 기초적인 지각들이 결합된 것보다 더 쉽게 이해할 수 있지 않을까? 영혼 각자는 최초의 인간이 창조되는 순간 이미 완전히 만들어져 있기는 해도, 개별적인 창조를 겪을 것이고, 영혼의 본성이 스스로를 알고 사유하는 것이기에, 수많은 시간 동안 그토록 많은 영혼들의 작용을 중단시켜 두었던 것이 더 기적이었던 것은 아닐까?

LIX

어머니의 뱃속에서 성장이 어느 정도 끝나서야 영혼이 존재하게 되고 배아에 생명을 불어넣게 된다는 생각이 통념이지만 가장 철학적이지 못한 통념이기에, 그것이 사실이라도 난점은 계속 남는다. 태아는 감지될 수 없을 정도로 작은 단계를 거쳐서, 말하자면 서로 인접해 있는 여러 단계를 거쳐서 발육하고 성장해나간다. 그렇다면 이들 단계 중 어디에서 영혼을 갖지 않은 상태로부터 영혼을 가진 상태로의 갑작스러운 이행

이 이루어지는 것일까?

LX

본 시론의 모두冒頭에서 이미 내가 모두 말한 것이지만 내 제안에 불평을 하는 목소리가 다시 높아질까 걱정이다. 그러나 나는 가장 완전한 것으로 간주되는 동물들이 일정 단계의 지성을 갖추고 있는 이상으로 물질을 구성하는 부분들에도 일정 단계의 지성이 갖춰져 있다고 가정한대도 문제될 것이 없음을 이론의 여지가 없는 방식으로 보여주었다. 동물들은 그저 '본능'만을 가졌을 뿐이라고 해야 할까? 원한다면 그렇게 부르셔도 좋겠다. 동물이 셀 수 없을 만큼 많은 수로 번식할 수 있도록 하고 무한할 정도로 다양한 작용이 이루어지게 하는 이러한 본능만으로도 물질을 구성하는 모든 부분들의 배열과 결합이 충분히 가능할 것이다. 원한다면 그것을 동물을 이루는 원소라고도 할 수 있으며(나는 동물을 만드는 데 무엇이 필요한지 더는 모르기 때문이다) 이 모든 작은 동물들이 각각의 개별적인 본능을 통해 서로 모여 결합한다는 점을 인정해주시기 바란다.

LXI

거미나 애벌레, 꿀벌이 어떻게 작업을 하는지 우리 눈으로 직접 보지 못했더라면 그들이 해놓은 작업을 보고 우리는 감탄해 마지않고 설명을 해볼 생각도 못했을 것이다. 산호며, 석산호며, 이런 종류의 여러 물질을 오랫동안 식물이나 돌이라고 생각했다. 그런데 그것은 우리가 보지 못했던 바다 곤충들의 작업에 불과하다. 내가 충분히 설명했으니 이런 종류의 형성과정과 지금까지 앞에서 우리가 말했던 동물의 형성과정을 혼동해서는 안 될 것이다. 이 두 가지 형성과정은 본질적으로 서로 다른 것이다. 전자가 일꾼들이 외부에서 가져온 물질을 가지고 세워낸 것이라면, 후자에서는 작업자 자신이 재료가 된다. 내가 이런 종류의 작업을 언급한 것은 몇몇 곤충들의 본능 때문에 가능한 것에 대한 몇 가지 사례를 들기 위한 것이다. 여러분이 원한다면 나는 욕망, 혐오, 기억은 물론, 본능이라는 말도 쓰지 않겠다. 그러니 곤충들이 이러한 경이로운 작업을 할 수 있도록 하는 속성들에 여러분이 원하는 이름을 붙이시기 바란다. 그런 다음에 그런 곤충들보다 덜 동물 같은 동물들이 동일한 종류의 어떤 속성을 통해 일정한 질서에 따라 배치되고 결합할 수 있는지 이해하는 일이 더 어려운 일인지 아닌지 말씀해주기 바란다.

LXII

결국 물질에 지성의 원리가 들어 있다는 주장에 반감을

갖는다면 그 지성을 우리가 가진 지성과 같은 것이라고 생각하기 때문이다. 하지만 이 점에 대해서 신중해야 한다. 인간의 지성을 깊이 성찰해본다면 무한할 정도로 수많은 지성의 단계들이 있음을 알게 되고, 완전성이란 그 단계들의 총합으로 이루어지는 것이다. 영혼이 자신을 지각하는 최초의 순간, 인간의 정신이 깨어나는 바로 그 순간은 확실히 가장 낮은 단계의 지성의 상태이며, 인간이 잠드는 바로 그 순간도 더 밝은 순간이라 할 수 없고, 낮 동안이라도 대단히 가볍고 대단히 혼돈스러운 감정에 빠지게 되는 많은 순간이 있다. 그러나 이 모든 상태들에는 지성이 있고, 단지 그것의 정도가 상이할 뿐이다. 인간이 항상 내가 앞서 말한 것과 같은 상태에 머물러 있었다면 인간의 지성이 동물의 지성보다 훨씬 나은 것인지, 인간의 행동에 책임을 물을 수 있는지 의심스러울 것이다. 바로 이런 차이가 인간의 조건과 동물의 조건을 완전히 다른 것으로 만들어준다.

LXIII

여기서 저 터무니없는 이론에 대해 말해야 할까? 불경한 한 철학자가 생각했고, 한 위대한 시인이 호화로운 시 예술의 기법을 동원하여 장식했고, 오늘날의 리베르탱 사상가들이 되살려내고자 하는 그 원자론은 과연 이론이기는 할까? 그 이론이 인정하는 원리는 우주에 영원한 원자들이 존재한다는 것이었다. 감정도 없고 지성도 없는 원자들 말이다. 원자들이 우연히 마주치면서 세상 만물이 형성되었고, 영혼은 그렇게 우연히 구성된 것이며, 구성이 끝나면 영혼도 사라진다.

LXIV

그런 이론을 쓰러뜨리려면 그 이론을 지지하는 사람들에게 지성을 갖추지 못한 원자들이 어떻게 지성을 산출하는 것이 가능한지 묻는 것으로 충분하다. 이들 자유사상가들은 어떤 무한한 힘이 무에서 세상을 만들어낼 수 있었다고 믿지 않으면서 어떻게 무에서 지성을 만들어낼 수 있다고 생각하는 것인가? 지성의 본성을 포함하는 존재가 전혀 없는데도 지성이 우주에 갑자기 나타났다면 지성은 무에서 나온 것이라고 해야 하기 때문이다.

LXV

우리 내부에 존재한다는 것이 느껴지는 지성은 인간과 동물은 물론 가장 작은 원소에 이르는 모든 존재들 각자가 제게 맞는 정도로 갖추고 있는 지성이 비롯하는 하나의 원천이 있음을 가리키고 있다.

LXVI

신은 세상을 창조하면서 물질을 구성하는 모든 부분이 각자 이러한 속성을 갖추도록 했고, 그 속성을 통해 신이 만들어냈던 개체들이 번식하기를 바랐다. 유기체의 형성에 지성이 반드시 필요한 것이므로, 이들 유기체가 매번 신의 힘으로 즉각 만들어진다고 보는 것보다, 신이 단 한번 원소들 가운데 내뿜었던 속성들을 통해 형성된다는 것이 더 위대하고 전능한 신에 걸맞은 것 같다.

LXVII

그러므로 유기체의 형성을 설명하는 모든 이론은 아래의 세 가지 유형으로 귀결하며 그보다 더 많아질 수는 없는 것 같다.

I. 지성을 갖추지 않은 최초의 원소들이 우연히 마주치게 되면서 우주가 형성되었으리라는 이론.

II. 지고한 존재나 그 존재에 좌우되는 물질과 구분되는 존재들이 건축가가 건축물을 지을 때 돌을 사용하듯 원소들을 사용했으리라는 이론.

III. 지성을 갖춘 원소들이 창조주의 뜻을 완수하기 위해 스스로 배치되어 결합한다는 이론.

디드로 씨의 반박에 대한 답변

내가 생각했던 몇 가지를 독자에게 내놓고자 했을 때 내게
누가 비난을 한대도 옹호될 만한 가치가 없고 공연한 논쟁으로
마음만 상할 뿐인 문제들에 대해서는 시간 낭비를 하지 않겠다
고 다짐했다.

철학의 입장은 대중의 이익에 무관하여 그저 이기심 때문에
그 입장을 옹호하거나 다른 입장을 따르게 하기 일쑤이다.

그러므로 부당한 비판을 받는대도, 존중할 만한 몇몇 비판
이 있었다 해도 내 생각에는 흔들림이 없었다. 침묵을 지키는
것이 사회에게도 자신에게도 과오가 되므로 답변하지 않을
수 없는 반박은 단 한 가지뿐으로, 우리의 종교나 우리의
풍속에 악영향을 줄 수 있는 것이 그것이다. 철학이 결국

불경이나 악덕으로 귀결한다고 생각하도록 내버려두는 것은 사회를 저버리는 일이고, 철학이 우리를 불경이나 악덕으로 이끌게 된다고 생각하도록 놓아두는 것은 자기 자신을 저버리는 일이리라.

그래서 지금 나는 내버려둘 수도 있었던 문제들을 증명해볼 필요가 있다고 느낀다. 다만 그보다 더 걱정되는 부분은 내가 존경해 마지않는 분과 맞서 논쟁을 해야 한다는 점이다. 그분은 모든 방면에서 재기와 독창성이 번득이는 수많은 글로써 프랑스 국민을 개화했기에 우리 프랑스에 큰 영광이 되신 분이다. 그런 적수가 있다는 점도 이득이 없지 않다. 그런 사람에 가려, 존재할 수 있는 모든 적수들이 우리와 독자의 눈앞에서 사라지게 되고, 그에게 답변하는 것으로 다른 모든 이들에게 답변할 필요가 없어지게 될 것이기 때문이다.

디드로 씨는 『자연의 체계의 형이상학적 시론*Dissertatio inauguralis metaphysica de universali Naturae systemate*』이라는 제목의 소논문에 찬사를 아끼지 않은 뒤, 저자의 자존심을 상하게 하거나 상처를 줄 수도 있을 몇 가지 성찰을 덧붙였다. 그렇지만 우리는 디드로 씨의 성찰을 감추지 않고 그가 사용한 용어들 그대로 옮겨볼 생각이다. 그러면서 답변을 하려고 하는데, 이것이 위 저작에 반드시 필요했던 한 가지 주석이나 답변이 되었다.

디드로 씨가 『자연의 해석』 50절에서 설명한 부분을 아래에 옮겨본다.

　　"어떤 가설에 타격을 가하려면 간혹 그 가설이 이를 수 있는 만큼 멀리 밀고 나가 보기만 해도 된다. 우리는 에를랑엔에서 학위 논문을 출판한 한 박사가 내세운 가설에 이와 같은 방법을 시도해 보려고 한다. 그의 저작에는 신기하고 새로운 생각들이 많아서 프랑스 철학자들은 이해하기가 쉽지 않을 것이다. 저작의 주제는 자연의 보편적 체계로서, 인간의 지성으로서는 그보다 큰 주제를 제시할 수 없을 것이다. 저자는 이전의 이론들을 요약하고, 이들 이론이 현상들 일반의 전개를 설명하는 데 충분하지 못하다는 점을 일별하는 것으로 시작한다. 어떤 이론은 '연장'과 '운동'만을 필요로 하는 반면, 다른 이론은 연장에 '불가입성', '운동의 능력', '불활성'을 추가해야 한다고 생각했다. 천구를 관찰하거나 보다 일반적으로 상당히 커다란 물체들을 연구 대상으로 삼는 자연학에서 어떤 힘의 존재를 증명했다. 이 힘이 작용해서 물체를 이루는 모든 부분들은 어떤 법칙에 따라 서로 끌어당기고 서로 누르는 것이다. 그래서 질량에 정비례하고 거리의 제곱에 반비례하는 '인력'의 존재를 인정하게 되었다. 반면 화학에서 연구하는 가장 단순한 작용들이나 작은 물체들을 연구하는 기초적인 자연학이 발전함에 따라 다른 법칙을 따르는 여러 가지 '인력'

들을 고려해야 했다. 식물이나 동물의 형성과정을 인력, 불활성, 운동의 능력, 불가입성, 운동, 물질이나 연장으로 설명할 수 없었기 때문에 철학자 바우만은 자연에 다른 속성들이 존재한다고 가정해야 했다. 바우만 박사는 흔히들 물질도 갖추지 않고 지성도 갖추지 않은 채 자연의 모든 경이로운 현상들을 작동케 한다고 생각했던 '가소성을 가진 자연', 지성의 방식과는 전혀 다르게 물질에 작용하는 '하위 지성 실체', 실체들이 하나 속에 다른 하나가 들어 있는 방식으로 시간이 흐름에 따라 최초의 기적이 연속되면서 발육해 나가는 '실체들의 형성과정과 창조행위의 동시성', 지속을 이루는 각각의 순간에 일련의 기적이 반복되는 것에 불과한 '산출된 실체들의 탈시간성脫時間性'에 만족할 수 없어서, 철학적이지 못한 이들 이론은 우리가 어떤 본질을 가졌는지 모르는 한 존재에 변형을 가하면 어쩌나 하는 그릇된 두려움 때문에 생겼다고 생각했다. 이런 이유로 그 존재는 우리가 편견을 갖고 있기는 하나, 우리에게 잘 알려진 그런 변형을 겪을 수 있을까? 그런데 그 존재는 어떤 것인가? 이 변화들은 어떤 것인가? 바우만 박사는 자신이 그것을 말해보겠다고 한다.

그에 따르면 그 존재는 육체를 가진 존재이며, 이들 변형은 '욕망', '혐오', '기억', '지성', 한마디로 말해서 동물에서 발견되는 모든 특성이며, 그것을 고대인들은 '예민한 영혼'이라는 이름으로 이해했는데, 바우만 박사는 가장 육중한 동물에서처럼 물질을 이루는 가장 작은 입자에도 형상과 질량의 비율에 차이가 있지만 그런 특성들이 있다고 가정한다. 바우만 박사에 따르면, 문제가 있었다면 모래알에 지성이 있다는 것만큼이나 코끼리나 원숭이의 육체에도 지성이 있음을 받아들이는 것도 큰 문제가 된다. 여기서 에를랑엔 아카데미 철학자 바우만 박사는 무신론을 주장한다는 의혹을 불식하기 위해 마지막으로 전력을 다한다. 바우만 박사가 열정을 다해 자신이 내세운 가설을 옹호하는 것은 유물론으로 귀결하지 않고도 그 가설만으로 가장 설명하기 어려운 현상들이 해결되는 것처럼 보기 때문이다. 가장 과감한 철학적 사상과 가장 심오한 종교적 경의를 하나로 만드는 것이 가능한지 이해하려면 그의 저작을 읽어야 한다. 바우만 박사는 세상을 창조한 것은 신이지만, 가능하다면 세계가 보존되기 위해 신이 사용하고자 했던 법칙들과, 개체들이 번식하도록 마련된 수단들을 발견하는 것은 바로 우리가 담당해야 할 몫이라고 말한다. 이 점에 대해서 우리는 마음대로 행동해도 좋으며, 우리는 어떻게 생각하는지 제안할 수 있다. 아래에 바우만 박사가 제시한 주요한 생각들을 정리했다.

　감각하고 생각하는 동물의 한 부분을 형성하도록 된 정액의 원소를 그 부분과 유사한 부분에서 추출했을 때 처음에 어떤 상태였는지 기억할 것이다. 바로 이런 것 때문에 종이 계속 유지되고 부모를 닮게 된다.

액체 상태의 정액에 어떤 원소가 과도하게 많거나 부족한 경우가 생길 수 있고, 이 원소들이 결합과정에서 누락되거나 여분의 원소들의 기이한 방식으로 결합될 수도 있다. 그때 생식이 불가능해지거나 가능한 모든 방식의 괴물이 만들어지기도 한다.

필연적으로 어떤 원소들은 동일한 방식으로 끊임없이 결합하는 놀라운 능력을 갖추게 될 것이다. 이런 이유로 원소들이 상이하다면 극미동물은 무한히 다양한 방식으로 형성되고, 원소들이 동일하다면 폴립이 형성되는데, 이 폴립을 무한히 작은 꿀벌들이 모인 다발과 비교할 수 있다. 그들은 한 가지 상황만을 뚜렷이 기억할 뿐이므로 그들에게 가장 익숙한 상황에 따라 서로 붙들게 되고 그런 상태를 유지할 것이다.

현재 상황에 대한 반응이 과거의 상황에 대한 기억을 버리거나 잊게 될 때 모든 상황에 무관심하게 되어, 불임이 생기게 된다. 노새의 불임이 바로 이런 경우이다.

지성을 갖추고 감각할 수 있는 기초적인 부분들이 종을 이루는 질서를 무한히 벗어나지 못할 것도 없을 것이다. 이런 까닭에 최초의 동물로부터 무한히 많은 동물 종이 비롯되었으며, 최초의 존재로부터 무한한 존재들이 생겨났던 것인데,

이것이 자연에서 이루어지는 단 한 가지 행동이다.

그런데 원소 하나하나가 쌓이고 결합될 때 낮은 단계의 의식과 지각을 상실하게 될까? 바우만 박사는 절대 그렇지 않다고 말한다. 원소는 이러한 특성을 본질적으로 갖추고 있다. 그러니 어떤 일이 생길까? 다음과 같은 일이 벌어진다. 서로 모이고 결합된 원소들의 지각에서 질량과 배치에 비례하는 공통지각이 나오게 될 것이다. 원소 하나하나가 '자기'의 기억을 잃고 하나같이 '전체'의 의식을 형성하도록 몰고 가게 되는 이러한 지각의 체계가 바로 동물이 갖는 영혼일 것이다. "그런데[3] 인간에서는 서로 모인 원소들의 모든 지각으로부터 유일하고, 훨씬 더 강하고, 훨씬 더 완전한 지각이 나오는 것 같다. 이러한 지각은 그 어떤 기초적인 지각 이상인 것으로, 그것과 지각 하나하나가 맺는 관계는 유기체와 원소가 맺는 관계와 같을지 모른다. 원소 하나하나는 다른 원소들과 결합

· ·

3. [역주] 이 부분은 원문에 라틴어로 되어 있다. Omnes elementorum perceptiones conspirare, et in unam fortiorem et mgis perfectam perception em coalescere videntur. Haec forte ad unamquamque ex aliis perceptionibus se habet in eadem ratione qua corpus organisatum ad elementum. Elementum quodvis, post suam cum aliis copulationem, cum suam perceptionem illarum perceptionibus confudit, et SUI CONSCIENTIAM perdidit, primi elementorum status memoria nulla superest, et nostra nobis Origo omnino abdita manet.

할 때 자기가 가진 지각과 다른 원소들의 지각이 하나가 되면서 '자기'가 가진 지각의 특별한 의식을 상실하기 때문에 우리로서는 원소들이 최초 상태가 어땠는지 기억을 잊게 되고 우리의 기원이 어떠하였는지 완전히 알 수 없게 되는 것임이 틀림없다."[4]

바로 이 대목이 우리를 놀라게 하는 부분이다. 바우만 박사는 자기가 세운 가설에서 얼마나 끔찍한 결과가 도출될지 몰랐는가, 혹은 혹시라도 알았다 해도 그 가설을 포기할 수 없었던 것인가? 이제 그가 제시한 원칙을 검토하는 데 우리의 방법을 적용해야 한다. 그러므로 나는 바우만 박사가 우주 혹은 감각을 갖고 사유하는 모든 분자들의 총합이 하나의 전체를 형성한다고 생각하는지 그렇지 않은지 묻고 싶다. 전체를 형성하지 않는다고 답변한다면 그는 자연에 무질서를 도입하면서 한마디로 말해 신이 존재한다는 사실을 뒤엎게 될 것이고, 모든 존재를 연결하는 사슬을 끊으면서 철학의 기초를 무너뜨리게 될 것이다. 전체를 형성한다고 답변한대도

● ●

4. [디드로의 주] LVI절에 들어 있는 본 대목 및 이전 페이지들과 이후 페이지들에 같은 원칙을 다른 현상들에 적용한 대목들을 참조할 것. 이 대목은 대단히 섬세하게 적용되어 있으며 사실에 입각한 것으로 보인다. (모페르튀는 디드로의 인용문을 가져오면서 디드로의 각주도 함께 인용했다.)

마찬가지이다. 하나의 전체에 속한 모든 원소들은 질서를 갖추고 있어서, 이는 한 원소와 그것을 구성하는 부분들——실제로 별개의 것이든 머릿속으로만 이해할 수 있는 것이든——사이에서도, 한 동물과 원소들 사이에서도 마찬가지이다. 그렇다면 그는 이러한 보편적인 결합copulation의 결과로서, 한 마리의 거대한 동물과 같은 세계에는 영혼이 있으며, 세계는 무한할 수 있으므로 이 세계의 영혼은 지각의 무한한 체계(이다, 라고 말하는 대신)일 수 있으므로 세계가 바로 신일 수 있다고 말해야 할 것이다. 바우만 박사는 원한다면 얼마든지 이러한 귀결이 부당하다고 반박할 수 있겠지만 그래도 사실은 사실이다. 그의 숭고한 생각으로 깊고 깊은 자연에 어떤 빛이 던져지든, 그가 이런 무시무시한 생각을 한 것은 사실인 것이다. 그의 생각을 일반화해 보기만 해도 그 점을 알 수 있었다. 이 형이상학자의 가설과 일반화의 관계는 자연학자들의 가설과 반복된 관찰과 경험의 관계와 같다. 이 가설들이 정확한가? 그렇다면 결과의 범위를 확장할수록 더 많은 진실을 갖추게 되고, 더 많은 명확성과 영향력을 얻게 된다. 반대로 가설의 토대가 약하거나 제대로 갖추어지지 않았다면 그 가설들을 무너뜨리는 어떤 사실이 나오고 새로운 진리가 발견되기 마련이다. 바우만 박사가 제시한 가설은 이렇게 말할 수 있다면 자연의 가장 이해할 수 없는 신비, 즉 동물의 형성과정이나 보다 일반적으로 말해서 유기체의 형성의 문제를 발전시키겠지만, 현상들의 총합과 신의 존재가 걸림돌이 될 것이다. 그러나 우리가 에를랑엔의 바우만 박사의 생각을 거부할지라도, 그가 설명하고자 했던 난해한 현상들과 그가 제안한 적용범위가 넓은 가설, 그로부터 끌어낼 수 있는 의외의 결과들, 역사가 시작된 이래 최초의 인간들이 한결같이 몰두했던 주제에 새롭게 제기된 가설의 가치, 그의 가설을 성공적으로 논박하기 어렵다는 사실을 심오한 성찰의 결과, 자연의 보편 이론을 세우고자 하는 과감한 기획, 위대한 철학자의 시도로 보지 않았다면 아주 잘못 이해했을 수도 있을 것이다."

디드로 씨의 반박에 바로 답변하기에 앞서, 그가 사용한 방법을 잠시 성찰해볼 필요가 있다. 우리는 새로운 철학에서 나온 빛으로도 아직 깊이 통찰할 수 없었던 주제를 조금이나마 이해해 보기 위해 가설을 제안했던 바 있다. 우리는 디드로 씨가 그 가설을 높이 평가했다는 점에 갈채를 보낸다. 그러나 동시에 우리는 디드로 씨가 그 가설을 논박하려 했던 방법에 대해서는 불만을 가질 수밖에 없다. 그래서 우리는 이 방법이 적절한지 적절하지 않은지 검토하는 것으로 시작해볼까 한다.

디드로 씨는 에를랑엔의 바우만 박사가 제시한 주장에 대단한 찬사를 보낸 다음 그것으로부터 '끔찍한 결과들'을 이끌어낼 수 있다고 주장하고, 실제로 이 결과들을 낱낱이 폭로하면서, 그 가설에 반하는 결론을 내린다.

우리가 『자연의 해석』의 저자 디드로 씨의 종교에 확신이 없었다면 그의 목적이 그가 '끔찍하다'고 부른 결과를 끌어내는 것만큼 그 가설을 무너뜨리는 데 있는 것인지 의심할 수도 있었을 것이다. 하지만 의도야 어떻건 우리의 가설에 반대하는 논의 방식을 마련해 볼 목적으로 나는 '끔찍한' 결과를 끌어낼 수 없을 철학적 가설이 도대체 있기나 한 것인지 그에게 묻고 싶다. 생존하는 저자를 언급하지 않고 가장 존경하는 저자로 기억되는 사람들만을 언급하고자 한다면 데카르트의 책을 펼쳐 그가 어떤 방식으로 세계가 형성되었으며 그 이후에는 어떻게 되었는지를 창세기를 따라 설명하고 있음을 살펴야 한다. 말브랑슈의 책을 읽고 모든 존재의 원형으로서의 지성적인 연장의 문제, 더 자세히 말하자면 인간의 영혼이 이러한 연장을 연구하면서 지각하게 되는 모든 존재들 자체를 검토해야 한다. 이러한 생각을 따라 그로부터 결론을 도출하고 모든 것은 어떻게 변하며, 물체들은 어떻게 변하고, 성경의 내용은 어떻게 변할지 내게 말해주어야 한다. 원하는 대로 신의 자유와 전능에 대한 이론을 따르고, 여러 가지 결론들을 통해 너무 동떨어져, 소원疏遠한 관계만을 가진 결론이 아니라 가장 먼저 나오는 결론과 가장 가까운 결과들을 도출해야 한다.

그래야 지금 우리가 어느 수준에 와 있는지 알게 될 것이다.

그러므로 우리가 가설로부터 끌어낼 수 있는 가장 동떨어진 결론을 가지고 그 가설을 공박하는 것은 적절한 방법도 한 가설을 무너뜨리기 위해 받아들일 수 있는 방법도 아니다. 적어도 그 가설을 공박하는 사람들은 그런 종류의 공박을 받을 일이 없는 가설이란 아마 없으리라 말해야 할 것이다.

하지만 가장 위대한 인물들을 우리와 우리를 공격하는 반대자 사이에 두면서 우리의 의견을 옹호했으니, 디드로 씨가 체계를 송두리째 무너뜨리는 방법이라고 봤던 그것을 좀 더 깊이 생각해 봐야 할 것이다.

우리가 가진 정신이 물론 한계가 있기는 해도 모든 결론이 일치되는 어떤 이론도 발견할 수 없게 될까? 그런 이론은 모든 것을 설명할 수 있을까? 그런 이론에 이를 수 있다고 생각하는가? 우리의 모든 이론들은 제 아무리 확장되었대도 지고한 신의 지성이 따랐던 계획의 극히 작은 일부만을 파악할 뿐이다. 우리는 부분들 사이의 관계도, 부분들과 전체의 관계도 알지 못한다. 이들 부분의 하나를 설명하는 이론을 지나치게 멀리까지, 다른 부분과 경계를 이루는 곳까지 밀고 나가보고자 했기에, 우리로서는 넘어설 수 없으리라 보이고, 아마 실제로도 그러할 여러 난점들을 만나면서 멈춰서 버리고 말았다. 하지만 그 난점들은 그저 공백에 불과할지 모르고 이론이 진실한가에 대해서는 아무것도 밝혀줄 수 없을 것이다. 그 난점에 부딪힐 때 우리는 전부 이해했던 것이 아니라는 점을, 충분히 알아야 했다는 점을 알게 된다. 하나의 현상이 설명되자마자 어떤 사람들은 모든 것이 설명되었노라고 이내 목청을 높이고 다른 사람들은 어떤 난점에 부딪혀 설명을 포기하고 만다. 어느 쪽이든 성급하기는 매한가지이며 똑같은 오류를 범했다고 할 것이다.

이제 디드로 씨가 사용한 방법이 다양한 사람들에게 어떤 결과를 만들어내는지 보도록 하자.

1. 신학 교리와 모순되는 결과들이 있더라도 놀랄 것은 전혀 없다. 철학과 계시종교가 어울릴 수 없다고 자연과 올바로 일치하는 가설을 거부해야 한다고 생각하는 사람은 없을 것이고, 그들은 틀림없이 디드로 씨의 반박에 아무런 관심을 두지 않을 것이다.

2. 다른 사람들은 우리가 어떤 가설에서 난처한 결론이 도출될 수 있다고 해도 그것을 결정적으로 불리한 증거라고 보지 않을 것이다. 그들은 그런 결론은 그 가설에서 필연적으로 도출되는 결과가 아니거나 이들 결과가 우리가 반드시 생각해야 하는 것과 실제로 모순되지 않는다고 생각할 것이다. 즉 종교와 철학의 분야가 아주 달라서 종교에서 철학으로 바로 넘어갈 수 없으며, 지고한 존재라면 이 둘을 잇는 고리를

보겠지만 그 고리는 우리의 능력을 훨씬 벗어난다고 생각할 것이다. 그렇게 생각하는 사람들은 디드로 씨의 반박을 읽는 대도 크게 동요할 것 같지 않으며, 그들에게 확신을 심어주기 위해 굳이 여기서 언급하는 것과 다른 답변을 할 필요가 없을 것이다.

3. 무엇으로도 불안을 느낄 극소수의 사람들은 어떤 철학적 명제를 보자마자 그것을 신전으로 가져가 등불에 비춰 판단하고자 하는데, 『자연의 해석』의 저자가 고려했던 이들이 바로 이런 사람들이며, 그의 반박이 겨냥한 이들이 그런 소수의 사람들이다. 그래서 우리는 바로 그런 사람들을 위해 디드로 씨의 반박을 검토해야 할 것이다.

디드로 씨가 에를랑엔의 바우만 박사의 주장을 반박했던 핵심은 52절에서, 좀 더 자세히 말하자면 52, 53, 54절에서 도출하고자 했던 결과이다. 바우만 박사는 물질을 구성하는 가장 작은 부분들, 즉 원소들에 의지나 지각이 있다고 한 뒤에 다음과 같이 계속한다. 원소들이 결합하여 유기체를 형성할 때 "원소 하나하나는 그것이 형성하게 될 물체에 형태를 부여하고 축적되면서 지각을 가져오게 될까? 그 원소가 다른 원소와 결합할 때 전체를 이루기 위해 그것이 가졌던 작은 단계의 의식이 상실되거나 약화될 것인가 아니면 그만큼 증가할 것인가? 지각은 모든 원소가 갖는 본질적인 한 가지 속성이므로 없어지거나, 감소되거나, 증가될 수도 없는 것 같다. 원소들이 다양하게 결합함에 따라 지각은 다양한 변화를 받아들일 수 있다. 그러나 우리가 그것을 뒤따르거나 이해할 수는 없지만 우주에서 지각의 합은 항상 동일해야 한다. 이러한 일이 인간과 다른 종에서 동일하게 일어나는지 경험을 통해서는 알 수 없기 때문에 그저 유사관계를 찾는 방법을 사용해서 판단할 수밖에 없다. 우리 내부에서 어떤 일이 벌어지는지 경험으로 알고 있어야 이렇게 유사관계를 찾는 방법을 사용할 수 있지만 우리는 이를 아직 충분히 알지 못한다. 그런데 인간에서는 서로 모인 원소들의 모든 지각으로부터 유일하고, 훨씬 더 강하고, 훨씬 더 완전한 지각이 나오는 것 같다. 이러한 지각은 그 어떤 기초적인 지각 이상인 것으로, 그것과 지각 하나하나와 맺는 관계는 유기체와 원소가 맺는 관계와 같을지 모른다. 원소 하나하나는 다른 원소들과 결합할 때 자기가 가진 지각과 다른 원소들의 지각이 하나가 되면서 '자기'가 가진 지각의 특별한 의식을 상실하기 때문에 우리로서는 원소들의 최초 상태가 어떠했는지 기억을 잃고 우리의 기원이 어떠하였는지 완전히 알 수 없게 되는 것임이 틀림없다."

바우만 박사가 이 점을 제안하는 방식을 본다면 이를 그저 유기체의 형성에 대한 자연적인 이론과는 전혀 무관한 의혹이나 가설로만 볼 수 있을 뿐이다. 그러나 디드로 씨는 이 점에서 출발하여 이 명제가 신의 존재를 뒤흔들거나 신과 세계를 혼동하게 될 수도 있다고 주장한다.

"디드로 씨는 에를랑엔의 바우만 박사에게 우주, 혹은 감각을 갖고 사유하는 모든 분자들의 총합이 하나의 전체를 형성한다고 생각하는지 그렇지 않은지 묻는다. 바우만 박사가 전체를 형성하지 않는다고 답변한다면 그는 자연에 무질서를 도입하면서 한마디로 말해 신이 존재한다는 사실을 뒤엎게 될 것이고, 모든 존재를 연결하는 사슬을 끊으면서 철학의 기초를 무너뜨리게 될 것이다. 그가 전체를 형성한다고 답변한대도 마찬가지이다. 하나의 전체에 속한 모든 원소들은 질서를 갖추고 있어서, 이는 한 원소와 그것을 구성하는 부분들——실제로 별개의 것이든 머릿속으로만 이해할 수 있는 것이든——사이에서도, 한 동물과 원소들 사이에서도 마찬가지이다. 그렇다면 그는 이러한 보편적인 결합의 결과로서, 한 마리의 거대한 동물과 같은 세계에는 영혼이 있으며, 세계는 무한할 수 있으므로 이 세계의 영혼은 지각의 무한한 체계(이다, 라고 말하는 대신) 세계가 바로 신일 수 있다고 말해야 할 것이다."

한 딜레마가 정당하려면 그 딜레마를 이루는 한 부분과 다른 부분에 사용되는 용어가 같아야 할 뿐 아니라, 정확히 동일한 의미를 갖고 있어야 하고, 그 의미가 명확하고 정확히 정의되어야 한다. 그렇지 않으면 그 딜레마는 그저 기대치 않았던 놀라움만을 주고 말거나 아무 결론도 도출하지 못한다. 우주는 하나의 '전체'인가 아닌가? 우주가 하나의 전체가 아니라는 대답에서 디드로 씨는 '전체'라는 용어를 전혀 정의하지 않고 아주 모호한 의미로 남겨두었으면서도, 우주가 하나의 전체라는 대답에서 그는 이 말에 결정적인 의미를, 바우만 박사를 난처한 결론으로 몰고 가도록 자기에게 좋은 의미를 부여했다. 바우만 박사는 그가 걸려들도록 이런 함정을 파놓았다고 항의할 수도 있을 것이다. 하지만 그는 자기가 함정에 걸려들지 않았음을 보여주고자 하는 것을 더 좋아했다. 그러므로 이를 위해 '전체'라는 말이 가질 수 있는 의미를 검토하기만 하면 될 것이다.

'전체'라는 말이 '그 너머에 아무것도 남지 않는 것'의 의미였다면 우주가 전체인지 전체가 아닌지 묻는 일은 우리의 주제와는 무관한 것이거나 적어도 다른 모든 철학자들 이상으로 바우만 박사에게 물을 문제는 아닐 것이다. 그래서 디드로 씨가 여기서 부여하는 것처럼 보이는 의미는 이것이 아니다.

'전체'라는 말을 반듯한 건축물, 부분들이 균형을 이루는 결합, 모든 부분이 각자 제자리에 놓인 것으로 이해한다면 디드로 씨가 우주는 전체인지 아닌지 물을 때, 바우만 박사는 디드로 씨가 원하는 것처럼 그렇다거나 그렇지 않다고 답할 수 있다. 바우만 박사가 우주는 전체가 아니라고 답한대도, 더없이 깊은 신앙심을 가진 저자들[5]이 그러면 어쩌나 했던 것 이상으로 더 큰 위험을 무릅쓸 것도 아니고, 신의 존재를 위태롭게 하면 어쩌나 걱정하지도 않을 것이다. 그 저자들은 우주를 반듯한 '전체'로 생각하기는커녕 잔해들로 남은 것의 더미로 생각한다. 그 더미 속에서 한 걸음 한 걸음 떼어놓을 때마다 모든 종류의 무질서가, 자연적인 것, 형이상학적인 것, 도덕적인 것의 무질서가 나타난다. 바우만 박사가 우주는 하나의 전체를 형성한다고 답변하고자 한다면 동물의 신체와 같이 어떤 개별적인 물체에서 기초적인 지각들이 하나같이 유일한 지각을 형성하게 되고, 이러한 지각들의 결합이 필연적으로 우주 전체로 확장된다는 것으로 귀결하는 것이 아니다. 디드로 씨는 이러한 추론 방식을 일반화라고 했고 그것을 이론들의 가치를 판단하는 기준으로 간주했는데, 이는 단지 일종의 유추의 방식에 불과하며 원할 때면 언제든지 그 방식을 중단할 수 있는 것이다. 이 방법으로는 하나의 이론이 진실인지 거짓인지 증명이 불가능하다.

몇몇 현대 철학자들은 그들의 원칙 중 하나인 "자연의 작용에는 비약이 없다"를 강조하려고 물질의 총체를 그것을 구성

--

5.   [원주] 말브랑슈 등.

하는 부분들 사이에 어떤 단절도 없는 하나의 더미, 하나의 부분, 하나의 '연속체'로 보았다. 디드로 씨가 '전체'라는 말로 이 연속체를 가리켰던 것이라면 우선 자연에 '공백'이 존재하며, 물체들이 공간에 산재散在한다는 점은 이성과 경험으로 증명할 수 있다고 답변할 수 있겠다. 하지만 '충만' 역시 수용하는 데 동의한다 해도, 이 연속체를 디드로 씨의 전술한 항목의 체계로 축소하고 그의 반박을 우리가 이미 답변한 것에 맞추기란 쉬운 일일 것이다. 공백이 있거나 없거나 물질을 구성하는 부분들은 항상 뚜렷이 구분되고, 그중 한 부분이 다른 부분과 같을 수 없으므로, 이들 부분이 아무리 가깝고, 긴밀히 결합되어 있을지라도, 이들 부분으로는 우주를 겉으로 보기에 그러한 '연속체'로밖에 만들지 못할 것이다. 이 '연속체'와 '산재한 것'의 차이는 부분들 사이의 거리가 더 먼가 더 가까운가의 문제일 뿐이고, 그 거리가 우리의 감각에 만들어주는 효과일 뿐이다. 다이아몬드나 가장 무거운 금속을 이루는 부분들은 가장 성긴 물체들을 이루는 부분들보다 더 가깝기는 하지만 그렇다고 더 연속적으로 이어진 것은 아니다. 현미경을 이용해서 가장 치밀하게 물체를 이루는 부분들 사이에도 거리가 있음을 볼 수 있었고, 또 볼 수 있을 것이다. 시각과 촉각은 이를 잘못 생각할 수 있겠지만 정신은 어떤 물질의 실체도 연속적이지 않다고 본다. 우리가 전체라고 간주할 수 있는 것은 더 규칙적이거나 덜 규칙적인 체계를 이루는 하나의 결합체일 수밖에 없다. 그런데 그 결합체 내부에서 이런저런 부분이 조직되도록 하는 것을 체계 전체로 확장할 필요는 없을 것이다. 그러므로 전체를 바라보는 이러한 방식은 필연적으로 디드로 씨가 전술한 항목에서 사용한 방식으로 귀결하고, 우리가 말했던 모든 것이 여기에 맞춰진다.

그러나 '전체'라는 말을 디드로 씨가 확장시켰던 설명과 그가 두 번째 딜레마를 제시하면서 내렸던 정의 그대로 받아들인다면, 그래서 '전체'라는 말이 결국 스피노자의 신을 뜻하는 것이라면, 바우만 씨는 우주가 하나의 전체라는 점을 당연히 부정할 것이며, 그의 체계에 그런 생각이 조금이라도 있다는 사실을 주장하지 못하도록 그 주장을 완전히 부정할 것이다.

우리는 동물의 육체를 구성하는 기초적인 부분들의 지각을 하나로 결합하면서 위험천만한 결과가 도출된다고는 생각하지 않으니, 이 점을 주저 없이 받아들여도 좋다고 본다. 우주에 존재하는 훨씬 더 큰 부분들도 유사한 어떤 것이 있음을 가정할 수 있고, 이들 거대한 천구에 본능이나 지성으로 볼 수 있는 어떤 것을 부여해볼 수 있다. 그런데도 이러한 본능이나 지성이 결국 신으로 귀결하지는 않는다. 어느 시대든지, 어떤 분파든지, 기독교 내부에서조차 얼마나 많은 철학자들과 얼마나 많은 신학자들이 별과 행성이 영혼을 가졌다고 생각했는지 굳이 언급할 필요가 있을까? 그 영혼이 실제로 신이라고 봤던 사람들은 차치하고도 말이다.[6]

디드로 씨가 에를랑엔의 바우만 박사의 주장을 반박하기 위해 사용했던 방법에 대해 그런 성찰을 할 수 있었다. 디드로 씨가 바우만 씨의 주장을 해석한 것처럼 자연을 해석한다면 언제라도 이런 끔찍한 결론을 발견하게 될 것이다. 그것이 끔찍한 것은 우리에게 통찰력보다는 호기심이 더 많은 탓이 다. 우리는 결국 우주의 체계를 구성하는 몇몇 부분들을 발견

. .

6.   [원주] 이집트 사람들은 영혼으로 신을 만들었다. 그리스 스토아주
     의자들은 신은 신성한 영혼을 가졌다고 했다. 아낙사고라스는 태양
     에 영혼이 있음을 부정했기에 불경한 자로 몰려 죽음을 맞았다.
     클레안테스와 플라톤은 이 점에 대해 보다 전통적인 의견을 따랐다.
     필론은 별들에 영혼뿐 아니라 대단히 순수한 영혼을 부여했다.
     오리게네스도 같은 생각이었지만 그는 이들 천구가 항상 영혼을
     가지는 것은 아니고, 언젠가 영혼이 떨어져 나올 수 있다고 봤다.
     이븐 시나는 천구가 지성적이고 감각능력을 갖춘 영혼을 갖는다고
     했다. 심플리키우스는 영혼이 시각, 청각, 촉각을 갖는다고 생각했
     다. 티코 브라헤와 케플러 역시 별과 행성에 영혼이 있다고 가정했다.
     바르나비트의 수도사로서 천문학자이자 신학자였던 바란자누스
     는 천구에 지성과 야성의 중간에 위치한 영혼이 있음을 가정한다.
     실제로 성 도마는 저작의 여러 곳에서 천구에 지성적인 영혼이
     있다고 관대하게 생각했던 사람인데, 『이교도 반박Contra gentes』의
     7장에서 그만 이 생각을 번복하고, 천구에 감각능력이 있는 영혼만
     을 갖춰주는 것으로 그쳤다.

하게 된다. 우리가 가진 시각이 그 부분들과 전체가 이루는 관계를 보기에 충분히 확장되지 않았어도 말이다. 우리는 간혹 그 부분들 사이에서 모순이 발견된다고 생각하기도 하지만, 우리가 능력이 부족하고 무모했음을 봐야 할 것이다.

디드로 씨는 이런 식으로 바우만 박사의 이론을 공격한후, 그 뒤에 이어지는 절에서 한층 더 부당한 비난을 퍼붓는다. 아래에 '감각작용의 충격에 대하여'라는 제목의 51절을 옮긴다.

"바우만 박사가 자신의 체계에 당연히 한계가 있음을 인정하고 그의 생각을 영혼의 본성이 무엇이냐의 문제로 확장하지말고 그저 동물의 형성과정에 적용하는 것으로 그쳤다면, 유기적인 분자가 욕망, 혐오, 의식, 사유를 갖는다는 더없이솔깃한 유물론에 빠지지 않았을 수도 있었으리라. 바로 이런이유 때문에 나는 바우만 박사에 반대하여 그의 생각이 신존재의 문제까지 나아갈 수 있다는 점을 증명했다고 본 것이다. 그는 전능한 자가 가장 우둔하고 아무런 생명이 없는물질과 가장 가까운 동물들에게 감수성을 부여했지만, 그보다수천 배 더 낮은 단계의 감수성이 있다고 가정하는 것으로그쳤어야 했다. 감수성이 이렇게 둔하고 배치도 판이하게다르기 때문에 어떤 유기 분자는 가장 용이한 상황만 겪었을지모르고, 기계적인 불안으로 인해 계속해서 그 상황을 찾게 되었을 수 있다. 동물의 모든 기능이 정지되다시피 하여 휴식에 가장 합당한 준비를 끝낼 때 동물들이 잠에 빠져서도 몸을 움직이는 일이 이와 같다. 이 원칙으로도 바우만 박사가 설명하고자 했던 현상들과 프랑스의 곤충학자들 전부를 아연실색케 할 경이로운 사실들을 대단히 단순한 방식으로 어떤 위험스러운 결과도 없이 충분히 만족시킬 수 있었으리라. 또 바우만 박사는 동물 일반을 '물질 일반을 창조한 존재가 유기 분자에 마련해 두었던 둔하고 예리하지 못한 촉각과 유사한 감각에서 비롯한 자극을 통해 각 분자가 자신의 형상과 휴식에 가장 적합한 자리를 만나게 될 때까지 서로 결합하게 되었던 상이한 유기 분자들의 체계'로 정의할 수 있었을 것이다."

『자연의 해석』의 저자 디드로 씨는 위의 인용문에서 바우만 박사가 기초적인 부분들에도 어느 정도의 지각이 있다고 했던 것을 유물론의 원칙으로 보고 비판했으면서도 '둔하고 예리하지 못한 촉각과 유사한 감각'을 받아들이는 데는 동의한다. 디드로 씨는 지각이 물질에 속하는 것이 아니라 감각이 물질에 속하는 것이라고 생각한다. 지각과 감각이 종류가 다른 것이기라도 하듯, 가장 완전한 정도의 지각이나 가장 그렇지 못한 정도의 지각이 본성을 바꿀 수 있기라도 하듯 말이다. 디드로 씨는 지각과 감각이 차이가 있다는 점을 정말 진지하게 제안하는 것일까?

물질은 지각이 없다고 생각하는 사람들은 두 개의 실체가 구분되어 있다는 데 기초를 둔다. 그들은 영혼을 나눌 수 없고 사유하는 실체로 정의하면서, 영혼은 단지 그뿐이라고 주장하고, 연장은 물론 물체의 모든 다른 속성을 영혼에서 배제할 수 있다고 생각한다. 그들은 물질을 단순한 연장으로 정의하면서 물질이 반드시 필요로 하지 않는 것처럼 보이거나 물질에서 발견할 수 없다고 생각하는 모든 속성들을 물질에서 배제하는 데 충분히 완벽한 관념을 가졌다고 생각한다. 사유도 그중 하나이다. 그런데 이러한 '사유'란 무엇인가? 우리가 말하고 있는 사람들은 그것을 연장과 양립할 수 없다고 생각한다. 그것은 가장 숭고한 일들을 마음속에 품어 보는 데 필요한 능력일 뿐인가? 그렇지 않다. 그것은 사유 일반이며, 지각하거나 감각하는 단순한 능력이며, '자기'에 대한 최소한의 의식, '가장 모호하고 가장 둔한 감각'으로서 로크나 뉴턴의 심오한 사색 이상으로 물질에 대한 그들의 관념에 존재하지 않는다.

　　이 자리는 이러한 추론이 어떤 결함을 갖는지 보여주는 자리가 아니며, 우리가 말하고 있는 철학자들이 속성만을 알고 그 어떤 속성과 다른 속성들의 관계는 보지 못했기 때문에 그들은 어떻게 이들 속성을 전체적으로 가장 조화시키는 것처럼 봤던 속성들을 다시 모아서 그것을 두 개의 무리로 만들었고, 어떻게 그들이 '실체'라고 부르면서 하나의 실체에 부여했던 모든 속성들을 다른 하나의 실체에서 배제하는 두 주체를 가정했는지 설명하는 자리도 아니다. 우리가 얼마나 이 두 주체에 대해 모르는지, 우리가 얼마나 그렇게 멋대로 지어낸 하나의 실체에서 우리가 다른 속성들과 명백히 모순된다고 이해하지 않는 어떤 속성이라고 배제하기가 어려운 것인지 보여주는 일은 너무도 쉬운 일일 것이다. 하지만 오늘날 철학이 올라선 지점에서 이 모든 것은 불필요한 일일 것이다.

나는 『자연의 해석』의 저자의 반박으로 돌아오겠다. 앞에서 우리가 언급한 것 다음에 디드로 씨가 바우만 박사가 말하는 '기초적인 지각'을 '둔하고 예리하지 못한 촉각과 유사한 감각'으로 대체하자고 주장할 때 이는 독자를 사로잡거나 깜짝 놀라게 만들기 위한 말장난에 불과하다고 생각한다. 감각이 곧 실제 지각이기 때문이다.

이 점만으로도 『자연의 해석』의 51절에 대한 충분한 답변이 되었을 줄 안다. 답변이 너무 평이했다고 생각할 수도 있겠다. 하지만 에를랑엔의 바우만 박사의 주장을 담은 입장들을 검토하고 이를 디드로 씨의 51절의 내용과 비교해본다면 디드로 씨가 바우만 박사가 말했으면 했던 것과 실제 바우만 박사가 한 말에는 차이가 없음을 알게 되리라는 데 놀랄 이유가 없다.

바우만 박사는 기초적인 지각이 무엇인지 여러 곳에서[7] 설명했고 그것과 우리 영혼의 명확하고 뚜렷한 지각을 동일시한 적이 없다. 바로 다음 부분이(61절) 그가 몇몇 곤충의 작업에 대해 말하면서 그 곤충들이 어떤 능력을 가졌기에 그런 작업을 수행하게 되었는지 설명한 부분이다. 여러분이 원한다면 나는 "욕망, 혐오, 기억은 물론, 본능이라는 말도 쓰지 않겠다. 그러니 곤충들이 이러한 경이로운 작업을 할 수 있도록 하는 속성들에 여러분이 원하는 이름을 붙이시기 바란다. 그런 다음에 '그런 곤충들보다 덜 동물 같은 동물들이' 동일한 종류의 어떤 속성을 통해 일정한 질서에 따라 배치되고 결합할 수 있는지 이해하는 일이 더 어려운 일인지 아닌지 말씀해주기 바란다."

여기서 바우만 박사가 제시한 기초적인 지각에 대한 생각과 디드로 씨가 바우만 박사가 말해줬으면 했던 '둔하고 예리하지 못한 촉각의 감각'에 대한 생각을 비교해보고, 이 둘 사이에 디드로 씨가 주장하듯 참과 거짓을 가를 수 있는 차이가 있는지 살펴보기 바란다.

나는 본 답변의 중요한 지점, 우리로 하여금 답변하지 않을 수 없게 했던 지점으로 돌아온다. 디드로 씨는 아마도 우리의

· ·

7.　[원주] 결국 물질에 지성의 원리가 들어 있다는 주장에 반감을 갖는다면 그 지성을 우리가 가진 지성과 같은 것이라고 생각하기 때문이다. 하지만 이 점에 대해서 신중해야 한다(『자연의 체계: 유기체 형성에 대한 시론』 62절).

저작을 올바르게 평가하지 않은 것 같지만, "가장 과감한 철학적 사상들과 가장 심오한 종교적 경의를 하나로 만드는 것이 가능한지 이해하려면 그의 저작을 읽어야 한다'고 말하면서 우리가 가졌던 의견만큼은 올바로 평가했다. 사실 우리는 이 존중에 만족스러워서, 우리의 가설은 물론 수많은 가설들에서 신앙의 진리와 반대되는 것이 없었다는 것을 알았고, 모든 기독교인이 응당 따라야 하는 권위가 그런 가설들을 인정하지 않았다면 이 모두를 주저 없이 포기했을 수도 있었다. 하지만 주저하면서 제안했던 어떤 철학적 가설이 완전히 다른 확실성과 다른 질서에 속한 진리를 침해할 수 있다고 생각했다면 우리는 그것을 종교에 대한 모욕으로 간주할 것이다.

옮긴이 후기

　피에르 루이 모로 드 모페르튀Pierre Louis Moreau de Maupertuis, 1698-1759는 프랑스 뉴턴주의 수학자로 브르타뉴 지방의 항구 도시 생 말로에서 출생했다. 레이덴 대학에서 부르하버를 사사한 의사이자 유물론 철학자였던 라 메트리Julien Jean Offray de La Mettrie, 1709-1751와 약 두 세대 후에 프랑스 낭만주의를 이끈 샤토브리앙François-René de Chateaubriand, 1768-1848이 동향 인이다. 또 같은 동향인으로 모페르튀에 앞서 파리에 와 있었 던 트뤼블레 신부l'abbé Trublet, 1697-1770도 빼놓을 수 없다. 트뤼 블레 신부는 모페르튀에게 과학아카데미 종신서기였던 퐁트 넬과 극작가인 우다르 드 라모트를 소개했고, 탕생 부인Mme de Tencin의 살롱에도 출입하게 했다.

모페르튀는 1728년 런던에 6개월 동안 체류하면서 로열소 사이어티에 입회했는데, 이 시기에 바로 전 해에 세상을 떠난 아이작 뉴턴의 이론을 발견하고 열광적인 뉴턴주의자가 되어 프랑스로 돌아왔다. 거의 비슷한 시기(1726-1728)에 영국에 망명하여 체류했다가 열렬한 뉴턴주의자가 되어 돌아온 볼테르도 그와 같은 경우이다. 주로 데카르트주의 기하학자들로 구성되었던 프랑스왕립과학아카데미에서 뉴턴이 제시한 '만유인력la gravitation universelle'의 이론이 과학에 '불가사의한 특성qualités occultes'(152쪽)을 도입했다고 비판받던 시기였다. 이 시기에 모페르튀는 뉴턴주의의 입장에 서서 『천체의 다양한 모양에 대한 논고Discours sur les différentes figures des astres』를 1732년에 출판했다. 그의 뒤를 이어 볼테르는 1734년에 쓴 『철학서한Lettres philosophiques』에서 데카르트에 대한 뉴턴의 우위를 선언했고, 1736년에 『뉴턴에 대한 서한시Épître sur Newton』를, 1738년에 『뉴턴철학의 기초Éléments de la philosophie de Newton』를 연이어 출판했는데, 이 저작들은 모두 모페르튀의 감수를 거친 것이다.

앞서 언급한 모페르튀의 저작 『천체의 다양한 모양에 대한 논고』는 즉각 프랑스 뉴턴주의자들의 지지를 받았지만 데카르트주의자들의 비판도 함께 받았다. 데카르트가 천체의 운동을 설명하기 위해 사용했던 '소용돌이 이론les tourbillons'에 따르면 우주에도 물체들의 직접적인 충돌을 통한 운동이 여전히 적용되며, 그런 이유로 우주는 진공le vide일 수 없다. "운동이란 […] 물체가 자신과 직접 닿아 있으면서 정지해 있다고 간주된 물체들과 이웃함으로부터 다른 물체들과 이웃함으로의 이동이다. 그러나 일상적으로는 행위, 즉 그로 인해 어떤 물체가 한 장소에서 다른 장소로 이동하는 모든 행위를 운동이라고 부른다. 이런 의미에서 우리는 물체의 위치를 어떻게 규정하느냐에 따라 동일한 물체가 움직이고 있다고도 할 수 있고, 동시에 움직이고 있지 않다고도 할 수 있다. 이로부터 지구나 그 밖의 다른 행성들이 고유한 의미에서는 어떠한 운동도 하지 않는다는 것이 귀결된다. 왜냐하면 그것들과 닿아 있는 하늘의 부분들이 운동하지 않는다고 간주되는 한, 그것들이 하늘의 그 부분들과 이웃함으로부터 이동하는 것은 아니기 때문이다."[1] 데카르트의 이론에 따르면 구체인 지구가 자전하면서 소용돌이 속에서 이동할 때 가장 큰 압력을 받는 쪽은 적도가 될 것이므로, 지구의 적도 부근은 극지방보다 더 납작해질 것이다. 이런 이유에서 이탈리아 출신으로 프랑스 파리천문대의 초대 원장을 맡았던 카시니의 아들로, 아버

..

1.   데카르트, 『철학의 원리』, 3부 §28, 원석영 역, 아카넷, 2002, 140-141쪽.

지의 뒤를 이어 파리천문대의 2대 원장직을 맡고 있던 자크 카시니는 1720년에 출판한『지구의 모양과 크기에 대한 논고 *Traité de la grandeur et de la figure de la Terre*』에서 데카르트를 따라 지구는 극지방이 뾰족한 모양을 하고 있을 것이라고 주장했다.

반면, 뉴턴은 적도에서는 극보다 중력이 작다고 생각했기 때문에 계산을 통해 극지방이 $\frac{1}{230}$ 정도 납작할 것이라고 예측했다. 볼테르는『철학서한』에서 데카르트와 뉴턴을 비교하는 한 장에서 두 사람의 철학의 대립을 다음과 같이 요약한다.

런던에 도착한 프랑스인은 다른 것들과 마찬가지로 철학도 많이 변했다는 것을 알게 된다. 그는 세상이 가득 차 있다는 생각을 버리고 세상이 비어 있다고 생각한다. 파리에서는 우주가 섬세한 물질의 소용돌이로 이루어져 있다고 보는데, 런던에서는 전혀 그렇지 않다. 프랑스에서는 달이 바다를 밀어내서 밀물이 일어나는데, 영국에서는 바다가 달을 향해 끌려온다. 그러니까 달이 밀물을 일으킨다고 우리가 생각할 때, 영국에서는 달이 썰물을 일으킨다고 생각한다. […] 우리 데카르트의 후예들은 우리가 이해하지 못하는 어떤 추진력에 의해서 모든 것이 이루어진다고 보는 데 반해, 뉴턴의 나라에서는 우리가 원인을 알지 못하는 어떤 인력에 의한 것이라고 간주한다. 파리에서는 지구가 멜론같이 생겼다고 상상하는데, 런던에서는 양 측면이 있는 평평한 것으로 상상한다. 데카르트의 후예에게 빛은 대기 안에 존재하지만, 뉴턴의 후예에게 빛은 6분 30초 만에 태양으로부터 오는 것이다.[2]

이 문제를 해결하기 위해 당시 국무장관이었던 모르파 공작의 승인으로 원정대가 조직되었다. 1735년에 라 콩다민이 이끄는 원정대가 남아메리카의 페루 지역으로 떠났고, 이듬해인 1736년에 모페르튀가 이끄는 원정대가 현재의 핀란드 지역으로 떠났다. 모페르튀의 라플란드 원정에는 천문학자 샤를 르 모니에, 시계공인 샤를 에티엔 루이 카뮈, 스웨덴 천문학자 안데르스 셀시우스가 참가했다.[3] 극지방과 적도지방에서 각자 위도 1도를 관측한 결과를 비교한다면, 지구가 극지방이 납작한 모양인지, 적도가 납작한 모양인지 정확히 확인할 수 있기 때문이었다. 측정결과, 위도 1도의 길이가 페루에서는 110,600km, 핀란드에서는 111,900km였다. 이는 뉴턴의 명백한 승리를 말해주는 것이다.

..

2.   볼테르, 『철학사전』, 이병애 역, 동문선, 2014, 74-75쪽.

3.   토머스 핸킨스, 『과학과 계몽주의』, 양유성 역, 2011, 글항아리, 70쪽 참조.

그렇지만 뉴턴주의 수학자로서 모페르튀가 남긴 최대의 업적은 1744년에 발표한 소위 '최소작용의 원리le principe des moindres actions'라 하겠다. 물론 현대의 수학사가들 중에는 이 원리가 모호하다고 평가하는 사람들이 많고, 모페르튀의 원리는 이후 스위스 수학자 오일러가 한층 정확하게 발전시켜 제시한 바 있다. 다소 길기는 하지만 달랑베르가 『백과사전』 1권에 실은 「작용action」 항목 전체를 읽어본다면 이해에 도움이 되지 않을까 한다.

작용 (역학). 한 물체나 어떤 힘이 다른 사물이나 다른 힘에 가하는 항력抗力을 가리키거나 이런 항력의 결과 자체를 가리키는 말이다.
이렇게 두 가지 방식으로 정의를 하는 것은 역학과 물리학을 연구하는 학자들이 공통으로 사용하는 언어를 따르기 위해서이다. 작용이란 것이 무엇을 뜻하느냐고 질문한다면, 이 용어에 명확한 관념을 부여해서, 그것이 한 물체가 실제로 발생시킨 운동이거나, 아무런 장애물이 없었다면 그 물체가 다른 물체에 발생시킬 수 있을 운동이라고 답할 것이다.
힘이라는 것은 현재 운동하고 있거나 아무런 장애물이 없었다면 계속해서 운동하게 될 물체와 다른 것이 아니다. 그런데 실제로 움직였거나 움직이려는 경향을 가진 어떤 물체에서 그 물체가 운동을 하는 것인지 장애물이 없었다면 운동을 할 것인지 명확하게 알 수는 없다. 그러므로 우리는 한 물체의 작용을 오직 그 물체의 운동을 통해서만 볼 수 있을 뿐이다. 우리는 작용이라는 말에 단지 현재의 운동이나 그저 운동하려는 경향 말고는 다른 관념을 부여할 수 없다. 그러한 관념에 무언지 모를 형이상학적 존재에 대한 관념—우리가 물체 안에 깃들어 있다고 상상하지만 누구도 그것의 명확하고 분명한 개념을 알 수 없다—을 부여한다면 모호해지는 것이다. 바로 이런 오해 때문에 저 유명한 활성force vive의 문제가 생겼다. 힘force이라는 말을 정확하고 뚜렷한 개념으로 정의했었다면 필경 이 문제는 논쟁의 대상이 될 수도 없었을 것이다.

작용량quantité d'action은 모페르튀 씨가 1744년에 프랑스왕립과학아카데미에, 1746년에 베를린아카데미에 제출한 논문에서 한 물체의 질량과 그 물체가 달린 거리와 속도의 곱이라고 제시한 개념이다. 모페르튀 씨는 한 물체가 상태의 변화를 겪을 때 이 변화를 만들어내는 데 필요한 작용량은 가능한 최소가 된다는 사실을 발견했다. 그는 이 원칙을 굴절의 법칙, 충돌의 법칙, 평형의 법칙 등의 연구에 훌륭히 적용했다. 그는 여기서 최초의 존재에 대한 보다 숭고한 결론에 이르게 되었다. 앞에서 언급한 모페르튀 씨의 두 저작에 철학자들이 주목해볼 필요가 있으며, 이를 꼭 읽어보실 것을 권해드린다. 저자가 최종원인을 다루는 형이상학과 역학의 근본적인 진리를 결합하고, 지금까지 서로 다른 법칙을 따랐던 탄성체의 충돌과 비탄성체의 충돌을 모두 한 가지 동일한 법칙을 따르도록 했고, 운동의 법칙과 평형의 법칙을 한 가지 동일한 원칙으로 축소했음을 알 수 있다.

모페르튀 씨가 최소작용의 법칙을 제시했던 첫 번째 논문은 1744년 4월 15일에 발표된 것인데, 같은 해 연말에 오일러 박사가 『최대나 최소의 속성을 갖는 곡선을 찾기 위한 방법 *Methodus inveniendi lineas curvas maximi vel minini proprietate gaudentes*』 이라는 훌륭한 저작을 출판했다. 오일러는 이 책의 부록에서 물체가 중심력forces centrales에 따라 궤적을 그릴 때 곡선의 요소와 속도의 제곱은 항상 최소가 된다는 점을 증명했다. 이 정리定理는 행성들의 운동에 최소작용의 원리를 멋지게 적용한 것이다.

앞서 언급한 1744년 4월 15일의 논문을 통해서 모페르튀 씨가 굴절 법칙을 깊이 생각한 끝에 앞에서 말한 정리를 발견했음을 알 수 있다. 굴절 법칙을 설명하기 위해 처음에 페르마 씨가, 나중에 라이프니츠 씨가 어떤 원칙을 썼는지 잘 알려져 있다. 저 위대한 두 기하학자들의 주장은 빛의 입자가 선분의 한 점에서 다른 점으로 나아가면서 상이한 두 개의 매질媒質을 상이한 속도로 통과할 때 가능한 가장 빠른 속도로 움직이게 된다는 것이었다. 이 원칙에 따라 그들은 이 입자가 직선 운동을 하면서 한 점에서 다른 점으로 나아가는 것이 아니라, 그 입자가 두 매질이 갈라지는 표면에 이를 때 방향을 바꿀 수밖에 없음을 기하학적으로 증명했다. 입사각과 굴절각의 관계는 첫 번째 매질을 지나는 속도와 두 번째 매질을 지나는 속도의 관계와 같고, 이로써 잘 알려져 있듯이 이 두 사람은 두 사인 함수sinus의 관계가 항상 동일하다는 법칙을 도출해냈다.

페르마와 라이프니츠의 설명에 대단히 기발한 데가 있으나, 한 가지 중대한 난점이 생기게 되는데, 입자가 속도가 최소이고, 그러므로 더 많은 저항을 받게 되는 매질에서는 수직에 근접할 수밖에 없다는 점이 그것이다. 이는 지금까지의 물체의 굴절에 대한 역학적인 설명과 모순되며, 특히 빛의 굴절 현상에서 그러하다.

다른 설명들 중에서 뉴턴 씨가 생각했던 것이 현재까지 가장 만족스러운 설명이다. 두 사인 함수의 관계가 항상 동일하다는 점을 완벽하게 설명해주고 있기 때문이다. 뉴턴은 여러 매질의 인력 때문에 빛이 굴절한다고 보았으며, 이로부터 보다 조밀한 매질에 작용하는 인력이 보다 크므로, 이때 매질은 빛을 수직에 근접하게 하게 된다는 결론이 나온다. 사실 이 점은 경험으로 증명되는 것이다. 그런데 매질의 인력은 속도가 증가되어야 빛을 수직에 근접하게 할 수 있는데, 이 점을 증명하기란 대단히 쉽다. 그래서 뉴턴 씨에 따르면 굴절은 속도가 증가할 때 수직선에 근접하면서 이루어지게 되는데, 이는 페르마 씨와 라이프니츠 씨가 내세운 법칙과 반대가 된다. 모페르튀 씨는 뉴턴 씨의 설명과 형이상학의 원칙을 일치시키기 위해 노력했다. 이는 빛의 입자는 가능한 가장 짧은 시간에 한 점에서 다른 점으로 이동한다고 주장했던 페르마 씨와 라이프니츠 씨의 원칙을 따르는 대신, 모페르튀는 빛의 입자는 가능한 최소의 작용량으로 한 점에서 다른 점으로 이동한다는 의견을 내놓았다. 모페르튀에 따르면 이 작용량은 실제로 낭비이기는 하지만 자연은 대단히 조심스럽게 이런 낭비가 이루어지도록 했다. 그는 이 철학적 원칙에 따라 두 사인 함수의 관계가 항상 동일할 뿐 아니라, 속도에 반비례한다는 것을 알아냈다(이 점에 있어서 그는 뉴턴과 같은 의견이다). 반면 페르마와 라이프니츠는 속도에 비례한다고 했다.

굴절에 관해 저작을 남긴 수많은 철학자들이 역학과 형이상학을 일치시키는 이렇게 단순한 방법을 생각하지 못했던 것은 참으로 기이한 일이라 하겠다. 페르마 씨의 원칙에 기초한 계산식에 살짝 변화만 가하면 되는 일이다. 페르마 씨의 원칙에 따르면, 시간, 즉 속도로 분할된 공간은 최소가 되어야 하므로, 첫 번째 매질을 V의 속도로 달린 공간을 E라고 하고, 두 번째 매질을 v라는 속도로 달린 공간을 e라고 할 때, $\frac{E}{V}+\frac{e}{v}=a$ 의 식을 얻을 수 있는데, 이때 a는 최소이므로 $\frac{dE}{V}+\frac{de}{v}=0$ 이다. 그런데 투사각의 사인 함수와 굴절각의 사인 함수는 dE에서 $-de$와 같으므로, 이 사인 함수들은 두 개의 속도 V, v와 정비례의 관계가 된다. 이것이 페르마 씨의 주장이다. 그런데 이 사인 함수가 속도에 반비례하려면 $VdE+vde=0$ 이라고 가정하기만 하면 되고, 이로써 $E \times V+e \times v=a$이며, 이때 a는 최소가 된다. 이것이 모페르튀 씨가 주장한 법칙이다.

이미 앞에서 언급했던 베를린아카데미 논문집에서 모페르튀 씨가 동일한 원칙을 여러 가지로 적용했던 사례를 살펴볼 수 있으며, 이 원칙을 역학의 가장 일반적인 원칙으로 보아야 한다.

모페르튀가 기반으로 삼은 형이상학과 그가 작용량에 부여했던 개념을 어떤 입장으로 바라보든, 자연의 보편법칙에서 거리와 속도의 곱이 최소라는 점은 사실이다. 모페르튀를 기원으로 하는 이 기하학의 진리는 항상 존재할 것이고, 원한다면 작용량을 속도와 거리의 곱이라는 간단한 수식으로 표현할 수 있다.[4]

위의 항목에서 달랑베르가 거의 동시대에 제시된 모페르튀의 '최소작용의 원리'에 중요한 의미를 부여하고 있으며, 당대 수학자들 및 철학자들이 이 원리를 널리 받아들였다면, 그것은 달랑베르의 말처럼 "최종원인을 다루는 형이상학과 역학의 근본적인 진리를 결합"한 공적 때문이다. 빛이 한 점에서 다른 한 점으로 운동할 때 최단거리를 택한다는 사실은 당시에도 잘 알려졌다. 외부의 장애물이 작용하지 않을 경우 운동하는 물체는 최단거리를 선택하여 직선 운동을 하게 된다. 그런데 빛은 밀집도가 다른 두 매질(즉 공기나 물)을 통과할 때 굴절한다. 이는 원칙적으로 세상의 모든 물체가 가장 단순한 운동의 법칙을 따르도록 하는 자연의 원칙(또는 신의 의지)과 모순된다. 모페르튀의 입장은 자연에 어느 정도 '낭비'가 있음을 받아들이는 것이다. 그러나 그는 자연이 아무런 원칙 없이 낭비하는 것은 아니고, 자연의 낭비는 항상 '신중하게' 이루어진다고 봤다. 자연은 두말할 것 없이 최소한의 노력을 들이는 방식으로 세상을 만들어 놓았다. 부득이한 경우 낭비가 생긴다면, 이 낭비가 결코 자연 법칙의 예외가 아니며, 그와 같은 낭비에도 여전히 조화로운 원칙이 존재한다는 것이 모페르튀의 주장이다.

∙ ∙

4.　달랑베르, 「작용」(역학) 항목.

그래서 모페르튀는 지난 세기 프랑스 수학자 페르마(1601-1665)가 제시한 '최소 시간의 원리'를 뉴턴의 인력 이론을 이용하여 간단히 수정하는 방식을 택했다. 페르마의 이론은 빛의 속도가 공기보다 물에서 더 느리다고 주장하므로 뉴턴과 모순되었는데, 모페르튀는 이를 자신의 방식으로 정정訂定했다. 그는 페르마의 '최소 시간'을 최소 질량, 속도, 이동한 거리를 곱해 얻은(mvs) '작용량quantité d'action'이라는 용어로 대체했다. 즉 최소작용의 원리는 신이 창조한 세계가 일견 단순성의 법칙을 위반하는 것처럼 보이지만, 여전히 뉴턴의 계산식을 따르는 간단한 수학식으로 환원될 수 있으며, 이 점을 증명함으로써 그는 신의 의지에 따라 창조된 세계가 가장 '효과적인' 방식으로 작동되고 있음을 보여주었다고 생각했다.

그러나 1740년대 이후 모페르튀의 뉴턴주의 입장은 한 가지 난점에 봉착한다. 뉴턴의 이론은 천구의 운행과 같은 거대한 물체의 운동을 '인력'이라는 단순한 개념을 통해 효과적으로 설명할 수 있다는 장점이 있었다. 그러나 그 '인력'이론은 예를 들어 화학의 대상과 같은 미세한 물질의 결합과 분해에도 동일하게 적용될 수 있을 것인가? 더 나아가 '인력'은 생명의 발생發生 이론까지 수미일관 적용될 수 있을까?

이 시기의 동물발생이론은 모든 생명체가 천지창조 시기에 현재의 모습 그대로 동시에 창조되었으며, 천지창조 시기에 창조된 아담의 생식액체에는 미래에 태어날 무한히 많은 후손들이 이미 담겨 있다는 '전성설前成説, la théorie de la préformation'이 지배적이었다. 이 이론은 과학과 신앙의 모순을 극복하고, 신학적인 관점에서 현대 과학의 성과들을 종합할 수 있다는 장점 때문에 설득력이 있었다.

그런데 17세기 후반 영국의 의사이자 생리학자로, 고대 그리스의 의사 갈레노스가 주장했던 피가 간肝에서 생성되어 신체 전체로 확산된다는 오래된 이론을 뒤집고 혈액순환의 이론을 처음으로 제시했던 윌리엄 하비(1578-1657)의 연구결과가 모페르튀의 주목을 끌었다. 하비가 1651년에 동물의 생식이론을 연구하여 출판한 『동물발생론Exercitationes de generatione animalium』이 그것이다. 이 책의 권두화로 실린 그림을 보면 제우스가 손에 알卵을 들고 있는데, 그 속에서 파충류며, 곤충이며, 새며, 아이며 하는 동물들이 나온다. 제우스의 손에 들린 알에는 라틴어로 Ex ovo omnia(모든 존재는 알에서 나온다)고 적혀 있는데, 이는 생명발생에 대한 당대 의학의 입장을 정확히 요약하는 것이다.

일견, 이 권두화에는 지상의 모든 생명체가 제우스(가 되었든 기독교의 신이 되었든)의 손에서 '동시에' 창조되었고, 더욱이 지금까지 변함없는 모습으로 발생을 거듭하고 있다는 생각이 담겨 있는 것 같다. 그런 점에서 이 그림은 17세기 후반에 신학적 입장과 과학적 입장을 조화시키며 새롭게 등장

[도판] 윌리엄 하비, 『동물발생론』 권두화 및 세부그림

한 전성설에서 말하는 종種의 동시 발생과 불변성을 부각하고
자 한 목적이 있다고 볼 수 있다. 하지만 하비가 쓴 책의
권두화를 그린 판각화가는 하비의 이론을 자의적으로 해석했
음이 분명하다. 하비가 이 책에서 알 속에 이미 성장을 끝내고
앞으로 발육만을 거듭하게 될 개체가 러시아 인형처럼 포개져
들어 있다는 전성설의 입장을 따르지 않았기 때문이다.

여기서 모페르튀가 『자연의 비너스』에서 소개하고 있는
일화를 잠시 상기해보도록 하자. 영국 왕 찰스1세는 로열
파크에서 사슴 사냥을 즐기곤 했는데, 자연학의 진보를 바란
다는 명목으로 그의 주치의였던 하비에게 사냥감을 원하는

대로 해부해 볼 수 있게 허락했다. 하비는 수많은 암사슴을
교미하게 한 뒤 해부하여 수태 후 태아의 성장 과정을 관찰했
다. 그 결과 하비는 유명한 '살아 있는 점punctum saliens'을 발견하
게 된다. 완전히 형성된 개체가 처음부터 알 속에 들어 있으리
라고 가정했던 전성설을 옹호했던 의사들과는 달리, 하비는
"공 모양을 한 막 속에 들어 있던 맑고 투명한 액체 속에
동물의 근원으로서의 '살아 있는 점'이 뛰고 펄떡거리"(52쪽)
더니, 그 점으로부터 앞으로 신체의 각 부분으로 분화될 부분
이 차례로 형성되었던 것을 확인한 것이다.

물론 약 한 세기 뒤에 자신의 저작에서 하비의 선구적인
이론을 요약하고 있는 모페르튀로서는 이 영국 의사의 이론에
완전히 만족할 수 없었다. 그는 무엇보다 하비가 "철은 자석에
닿으면 자성을 띠는데, 암컷이 수컷을 만나 수태가 이런 방식
으로 이루어진다"(56쪽)고 했던 주장을 받아들일 수 없었다.
다만 『자연의 비너스』에서 모페르튀는 하비의 저작을 길게
인용하면서 당시 지배적이었던 전성설과 배아조립체설la théo-
rie de l'emboîtement des germes이 갖는 모순과 한계를 지적한다.

전성설에서는 모든 생명체가 이미 형성을 완전히 끝낸 채
아버지든 어머니든 한쪽의 난 속에 들어 있다고 주장한다.
고치를 갈라보았을 때 그 안에 앞으로 나비가 될 곤충이 들어
있고, 한 알의 사과 속에 나중에 사과나무로 자라날 사과

씨가 들어 있는 것이 그 증거이다. 더욱이 이러한 가설은 당대 기계론과 결합해 한 알의 사과 씨에는 미래에 자라날 사과나무와 그 나무에서 열릴 사과가 완전히 형성을 마친 채 들어 있고, 그렇게 미래에 열리게 될 사과에는 다시 다음 세대에 자라날 사과나무와 그 나무에서 열릴 사과가 마찬가지로 들어 있는 등, 이런 식으로 무한히 계속된다는 입장으로 발전되었다.

하지만 18세기에 자연사, 의학, 생리학, 화학 등의 실험과학이 진보하면서 전성설은 이미 낡고 부조리한 가설이 되었다. 먼저 배아조립체설의 기반이 되었던 수학의 무한과 무한소 개념을 도대체 생명체에 직접 적용하는 것이 가능한가 하는 점이 문제였다.

[전성설은 배아의 발생이] 무한히 진행된다는 점을 가정하는데 [⋯] 이는 합리적인 가설이라기보다는 환상이라고 할 것이다. 정자벌레의 크기는 인간키의 10억분의 1에 불과하다. 인간의 키를 1로 잡으면 정자벌레는 $\frac{1}{1,000,000,000}$ 이라는 열자리 수의 분수로 표현될 수 있다. 인간의 첫 세대의 정자벌레가 이 벌레와 두 번째 세대의 정자벌레와 같은 비율이므로, 두 번째 세대의 정자벌레는 열아홉 자리 수의 분수로 표현될 것이고, 세 번째 세대의 정자벌레는 스물여덟 자리 수의 분수

로, 네 번째 세대의 정자벌레는 서른일곱 자리 수의 분수로, 다섯 번째 세대의 정자벌레는 마흔여섯 자리 수의 분수로, 여섯 번째 세대의 정자벌레는 쉰다섯 자리 수의 분수로 표현될 것이다.[5]

더욱이 전성설이 갖는 또 다른 문제는 이렇게 형성을 마친 존재는 결국 부모 한쪽에 들어 있다고 주장하므로, 아이가 부모 양쪽의 특징을 모두 갖고 태어나거나, 부모 양쪽을 모두 닮지 않고 태어나는 '괴물'의 문제를 해결할 수 없다는 데 있다. 모페르튀가 자신의 저작에서 기존의 모든 생식이론을 두루 살피면서 하비의 실험을 경유하여 새로운 생식이론을 제시하고자 한 까닭이 여기 있다. 이미 모든 개체가 부모 중 한쪽에 완전한 모습을 갖추고 존재하고 있다고 생각하는 것보다는, 부모 양쪽이 공동으로 개체 발생에 참여하고 있다고 보는 편이 더 합리적인 설명이 아닐까? 남성과 여성은 각자 미래의 개체를 형성하는 데 쓰이는 '생식액체'를 분비하고, 이 두 액체에는 미래의 개체의 각 신체 부위를 형성하게 될 요소들이 들어 있다. "정액마다 심장, 머리, 내장, 팔, 다리를

• •

5. Buffon, *Histoire naturelle générale et particulière*, éd. Stéphane Schmitt, t. II, Paris, Honoré Champion, 2008, p. 232.

만들도록 된 부분들이 있으며, 이들 부분들은 동물의 몸을 형성할 때 다른 부분보다 이웃하게 되는 부분과 훨씬 더 큰 관계를 가질 것이다."(101쪽) 이 부분들의 관계의 강도에 따라 아버지와 어머니의 정액에서 팔이 형성될 부분은 항상 가장 결합력이 강할 것이므로 서로 결합하여 이후에 팔을 형성하게 된다. 이렇게 해서 모페르튀는 "아이가 아버지와 어미를 모두 닮는다는 사실, 상이한 두 종의 결합으로 복합적인 특징을 갖고 태어나는 동물, 과잉의 괴물과 결여의 괴물을 설명"(105쪽)했다. 이런 점에서 모페르튀는 현대의 발생학, 유전이론, 돌연변이, 기형학의 선구자라고 해도 과언이 아니다. 물론 그의 추론과 가설이 21세기의 현대 과학자들의 성취와 비교해봤을 때 대단히 초보적일 뿐 아니라, 잘못된 유사관계에 바탕을 두고 있다는 점은 부정할 수 없다. 그러나 현대적 의미의 생물학이 아직 시작되지 않은 18세기 중반에 그가 과감하게 내놓은 성찰은 즉시 뷔퐁과 디드로를 비롯한 당대 진보적인 학자와 문인들의 관심을 끌었다. 과학과 신앙의 행복한 결합을 꿈꿨던 이 시대의 전성설이 모페르튀가 『자연의 비너스』를 내놓은 후에 몰락하게 되었다고 말할 수는 없다. 하지만 이 책은 현대적 의미의 생명과 유전 이론의 시작을 알리는 근대의 최초의 저작으로 중요한 역할을 했다.

마지막으로 본 번역의 제목 『자연의 비너스』의 의미에

대해 간단히 언급할까 한다. '비너스'는 흔히 이해하듯이 미와 사랑의 여신을 가리킨다. 그런데 『퓌르티에르 사전』에는 "철학자들은 생명의 발생을 주재하는 천상의 비너스를 만들었는데 루크레티우스가 그의 저작 첫머리에 언급한 비너스가 그것이다. 지상의 비너스Vénus terrestre는 육욕을 주재한다"는 언급이 있다. 루크레티우스는 『사물의 본성에 관하여De Rerum Natura』를 다음과 같이 시작한다.

AEnadum genetrix, hominum diuomque uoluptas
Alma Venus
아이네아스의 후손들의 어머니시여, 인간과 신들의 즐거움이시여,
생명을 주시는 베누스시여[6]

첫 행에 등장하는 두 단어 uoluptas(관능)와 genetrix(생식)는 비너스의 '사랑'의 육체적인 성격을 강조한 것이다. 모페르튀는 이런 의미로 자기 책의 제목에 '비너스'를 넣으면서 이 여신이 갖는 신화적이고 상징적인 '천상天上, cæles'의 의미를 '지상terrestre'으로 가지고 온다. 동물의 발생과 사랑의 즐거움

6.　루크레티우스, 『사물의 본성에 관하여』, 강대진 역, 2011, 25쪽.

은 하느님이 인간을 위해 마련한 것이라는 주장이다. 이 제목
으로 모페르튀가 당대의 엄숙한 신학자들이 눈살을 찌푸리고,
재기에 넘치는 젊은이들이 유쾌하게 그의 이론을 받아들이는
것을 보며 즐기고자 했음은 말할 것도 없다.

자연의 비너스

초판 1쇄 발행 2018년 8월 17일

지은이 피에르 루이 모로 드 모페르튀
옮긴이 이충훈
펴낸이 조기조

펴낸곳 도서출판 b
등 록 2006년 7월 3일 제2006-000054호
주 소 08772 서울시 관악구 난곡로 288 남진빌딩 302호
전 화 02-6293-7070(대) 팩시밀리 02-6293-8080
홈페이지 b-book.co.kr 이메일 bbooks@naver.com

ISBN 979-11-87036-58-6   03160

값_12,000원

* 잘못된 책은 교환해 드립니다.